本书为"生态消费与美好生活内在耦合的价值逻辑（L20CKS013）"研究成果

政治与哲学

—

生态学马克思主义价值观研究

刘羽婷 著

吉林大学出版社

·长春·

图书在版编目（CIP）数据

生态学马克思主义价值观研究 ／ 刘羽婷著 . —长春：
吉林大学出版社，2021.9
ISBN 978－7－5692－8980－0

Ⅰ.①生… Ⅱ.①刘… Ⅲ.①马克思主义—生态学—
价值（哲学）—研究 Ⅳ.①A841.693

中国版本图书馆 CIP 数据核字（2021）第 206554 号

书　　名　生态学马克思主义价值观研究
　　　　　SHENGTAIXUE MAKESI ZHUYI JIAZHIGUAN YANJIU
作　　者　刘羽婷　著
策划编辑　李潇潇
责任编辑　李潇潇
责任校对　高珊珊
装帧设计　中联华文
出版发行　吉林大学出版社
社　　址　长春市人民大街 4059 号
邮政编码　130021
发行电话　0431-89580028/29/21
网　　址　http：//www.jlup.com.cn
电子邮箱　jdcbs@jlu.edu.cn
印　　刷　三河市华东印刷有限公司
开　　本　710mm×1000mm　1/16
印　　张　12.5
字　　数　141 千字
版　　次　2022 年 1 月第 1 版
印　　次　2022 年 1 月第 1 次
书　　号　ISBN 978－7－5692－8980－0
定　　价　85.00 元

前　言

  生态危机已经成为人类社会必须面对的重要问题，"罗马俱乐部"半个世纪前对世界发出了人类集体面临生态威胁的警告，然而生态问题并没有得到有效的控制，环境保护的效果甚微。生态学马克思主义继承了马克思历史唯物主义方法，分析造成生态危机的最终根源，探索解决生态问题的途径。他们认为生态问题的根源在于资本主义社会制度，只要人类社会还处于资本逻辑的支配下，那么资本主义反生态的本性决定了解决生态问题只是一种空想，唯有转变社会形态，由资本主义制度转向生态社会主义社会，生态问题的解决才能成为现实。这种社会变革是技术批判、制度批判、价值观批判三者相结合构成的。

  "价值"具有双层含义，即经济意义上的价值和人文意义上的价值。本书认为，对价值含义的扭曲理解是价值观问题的重要表现。生产力和生产关系作为构成社会结构的重要基础决定了作为社会上层建筑的社会意识形态，也就是说作为生产力的技术发展和作为反映社会制度的生产关系共同决定了价值观的取向。而价值观作为意识形态的一种反映形式，能够发挥意识形态的社会功能。价值观是人们理想和行为内在的规范，也是生产力和生产关系的外在表现。价值观反映人与世界的关系，统摄人们对价值的看待方式，包括对自然、对技术、对需要等等。生态学马克思主义从制度入手解决价值观问题，消除资本逻辑下功利主义价值观。

本书首先梳理生态学马克思主义价值观的历史背景和理论来源。近代以来，理性至上传统引发了生态问题并且在全球范围内蔓延，当代的生态保护行动多流于形式却没有取得实质性进展。生态学马克思主义考察哲学史上人与自然关系的流变，汲取马克思的生态思想作为理论内核，继承法兰克福学派的批判传统，修正了西方绿色思潮主张过分保护环境的偏执立场。

通过介绍生态学马克思主义中具有代表性的人物，如阿格尔、奥康纳、福斯特、高兹、休斯，从中提炼生态学马克思主义价值观的思想内涵和理论特征。首先，生态学马克思主义价值观回应了生态中心主义对人类中心主义的指责，修正并抵制生态中心主义矫枉过正的做法，重新定义人类中心主义并确立了对人的价值诉求有限定位的温和人类中心主义立场。生态学马克思主义价值观批判传统人类中心主义资本增殖逻辑导致的异化生产和人的异化状态，憧憬人与自然的和谐统一。具体地看，生态学马克思主义价值观具有以下四个特征：秉持温和的人类中心主义立场，批判理性至上导致的技术主义，对变革资本主义制度的必要性以及合理性予以肯定，在此基础上表达出向往人与自然和谐状态的生态社会主义价值理想。

本书以历史唯物主义作为标准对生态学马克思主义价值观内容进行评价。生态学马克思主义之贡献在于，挖掘了马克思的生态思想，反思近代以来理性至上的思维方式，结合当代生态危机的背景，对传统历史唯物主义的内容进行丰富和拓展，批判资本增殖逻辑下的功利主义价值观。我们同时应该正视其理论的不足，生态学马克思主义价值观中存在着对历史唯物主义的片面化理解，价值观批判和制度批判作为生态学马克思主义理论的两个重要维度，对价值观变革维度的重视还不够充分，表现出价值观变革主体的空场。

最后，结合生态学马克思主义价值观的进步意义和局限性，联系我国国情，浅谈生态学马克思主义价值观对我国生态建设的启示。我们应当加强对马克思主义著作的挖掘和深化理解，为我国生态文明建设提供指导，实现保护自然与以人为本有机统一。同时要注意克服生态学马克思主义价值观的局限性，避免重蹈覆辙。

刘羽婷

2021 年 9 月 28 日

目　录
CONTENTS

第一章

绪　论

第一节　选题缘起

当今世界，生态问题已经成为热点问题。随着科学技术的发展，人类的生活水平普遍提高，舒适度大幅度改善。然而，伴随而来的是此前从未出现过的问题——生态危机。在人类社会飞速发展的同时，生态环境已经发生了显著的变化，不断呈现恶化的趋势。假如以目前的趋势持续下去，最终将超出地球生态系统的极限，从而引发整个生态系统的崩溃。届时，人类文明发展的历史将无立足之地，随着生态系统的崩溃而化为乌有。人类社会始终建立在自然的基础上。倘若社会领域人类生活的高度发展以自然环境、不可再生资源、可再生资源的破坏为代价，显然是得不偿失的。生态学马克思主义关注现实领域存在的生态危机，结合马克思的历史唯物主义理论，挖掘马克思主义理论的生态思想，探索解决当下生态危机并实现人与自然和谐发展。李连科先生指出："用价值论的语言来说，所谓的生态问题，就是自然价值问题。"价值是作为主体的人对自身和自身以外的其他事物所形成的主观判断，可以说正是由于对自然价值的错误判断，导致了生态问题的产生。因此价值理论研究存在着与生态危机形成关联的可能，价值观担负着重塑人与自然和谐关系的理论使命与现实追求。

关于生态危机产生根源的分析以及对于解决生态危机的途径的探讨，学界当前存在四种观点：绿色技术革命、价值观变革、资本主义制度批判，有机马克思主义整体性。这四种路径都内含着价值观的维度，技术存着缓解生态危机的可能，然而一旦技术与资本的增殖性结合，就会为利润服务甚至有可能加重生态危机。有机马克思主义批判资本主义制度和发展方式，认为理性主义以及对有机性、整体性的割裂是导致生态危机的根源。生态学马克思主义从批判资本主义制度入手，论述价值观变革对于解决生态危机的意义，而不是仅从价值观出发抽象地讨论生态问题。由于生态学马克思主义具有制度批判的维度，并且与价值观批判结合在一起。在批判资本主义制度的同时，提出了新的价值理想以及实现的路径和原则，三者构成价值观，因此本书从价值观角度切入生态问题，研究生态学马克思主义价值观对于解决生态危机具有十分重要的现实意义。

黑格尔认为，"如果只是加以初步的解释，未免有失哲学的本色，结果所得恐不过只是一套无凭的假说，主观的肯定，形式的推理，换言之，不过是些偶然的武断而已。与此种片面的武断相对立的反面，亦未尝不可以同样有理。"① 可见，对概念进行初步的界定以确定研究的范围是首要的任务，否则将不可避免地陷入独断论。

---

① 黑格尔. 小逻辑 [M]. 贺麟，译. 北京：商务印书馆，1980：49.

通常我们认为，价值观是在长久的生活实践过程中形成的，关于价值的固定性观念与看法。价值观与人生观、世界观交织在一起，对主体之外的存在形成判断及预估，价值观能够极大地影响人们的实践活动。对于作为主体的人而言，依照对价值的评估在社会中从事交往活动，因此可以说在开始价值观的论述之前，有必要厘清"价值"的概念。

一、"价值"的双层属性——人文价值、经济价值

通常我们对"价值"这个词的理解包含着两层含义：人文意义上的价值和经济学上的价值。

"axios"一词来源于希腊语，承载人文意义上的价值概念，E·哈特曼在《哲学体系纲要》中系统性地说明了价值是主体与客体之间的一种特定关系。价值是围绕主体而形成的，由主体的需要而产生，我们说某存在物或某事件具有价值，实际上是指某物或某事件能够满足主体特定目的或需要的属性。可以说价值这个概念建立在主体性确立的基础上，如果主体性尚未明确的形成，也就不会形成对"价值"系统、清晰的表述。因此在古希腊时期，形成一些与价值相关的萌芽性研究。例如，苏格拉底以"善"作为事物的最高价值；亚里士多德认为价值在于人的兴趣；毕达哥拉斯认为价值的本质就是数，健康是"7"，正义是平方数等等；伊壁鸠鲁认为快乐是价值。古希腊时期对价值的理解以具体的某种形式为主，没有上升到一般价值的高度。中世纪神学认为上帝是最高的价值，通过苦行追求上帝，希望在来世达到解脱是最大的价值。文艺复兴时期崇尚

理性，自由与平等、提高人的地位与尊严是人的价值所在。作为新康德主义代表的文德尔班提出"普遍价值学说"，即在个体形成的特殊评估体系之外存在着能够得到社会共同体承认的普遍价值，哲学就是关于普遍价值的学说。西方哲学界围绕"价值"的本质形成了多种理解，大体可以分为主观价值论、客观价值论、主客体关系论几种类型。罗素认为，自然科学以客观事实为研究对象，一旦研究结果与原来的原理发生冲突，可以用实验检验结果的对错。与自然科学相反，价值判断并非以客观事实为固定的标准，表达了主体的欲望。因此罗素认为从伦理角度出发，价值判断带有主观性。

尽管学界对价值的理解多样，但从价值的发生源头看来，即为主客体之间的相互作用的关系，并且价值只能在具体的主客体关系中进行确认。马克思指出，"'价值'这个普遍的概念是从人们对待满足他们需要的外界物的关系中产生的"①。（俞吾金认为这是对马克思价值理论的误读）价值进入实践活动中，涉及对客观存在物、可能存在物、事件、他人、精神活动等的判断；在社会关系中反映出个体对他人、集体的判断。能否满足人们的需要、兴趣、目的、追求，可以以此作为尺度衡量事物是否具备价值。换个角度，对于客体而言，也是对客体属性的评价和应用，因此马克思认为价值具有客观性。人文意义上的价值就是对主体而言，能够产生积极的影响、具有意义的。本书中讨论的价值意味着对主体而言的有用性，能够对主体产生积极作用，同时也是一种理想信念和追求。

经济学意义上的"价值"一词来源于拉丁语"valere"，概指

---

① 中共中央马克思恩格斯列宁斯大林著作编译局. 马克思恩格斯全集（第 19 卷）[M]. 北京：人民出版社，1963：406.

"好的""具有体力或勇猛",后来演变为英文的"value"。14 世纪开始使用时,最初是在经济学中使用 value 这个概念,指实体物品的价格。经济学上的价值随着商品的流通而逐渐产生,是商品的一种属性。可以通过以货币的形式来表现价值的大小形成价格,因此经济学意义上的价值是能够被量化的。

马克思的理论中包括哲学、政治经济学和科学社会主义等思想内容,俞吾金认为"马克思则始终是把哲学和经济学贯通起来进行思考的。要言之,马克思哲学思考的进路乃是经济哲学的思路"①。马克思改变了以往德国古典哲学的方向,从抽象转而关注现实世界的物,他认为"价值概念完全属于现代经济学,因为它是资本本身的和以资本为基础的生产的最抽象的表现。价值概念泄露了资本的秘密。"②

在马克思看来价值也称为交换价值,是一种商品同其他商品的换算价值,可以用劳动时间来衡量。马克思认为商品兼具价值和使用价值两种属性。"物的有用性使物成为使用价值(Gebrauchswert)。"③ 使用价值基于人对物品的某种需要,是商品的自然属性也是商品能够被人们消费的前提条件和根本原因。假如物品被创造出来,没有使用价值,那么就单单成为无差别劳动凝结的客观存在物而已。因此使用价值与价值之间存在区别,价值作为商品的社会属性,反映出人与人之间的关系。

---

① 俞吾金. 重视对马克思的价值理论的研究 [J]. 当代国外马克思主义评论,2008 (00):3-13,100.
② 中共中央马克思恩格斯列宁斯大林著作编译局. 马克思恩格斯全集(第六卷)(上)[M]. 北京:人民出版社,1979:299.
③ 卡尔·马克思. 资本论(第一卷)[M]. 北京:人民出版社,1975:48.

二、生态的价值观

所谓价值观是关于价值、价值关系的整体的根本看法、观点和态度，是人的一种自觉意识。经过长期的感性活动，主体由感性确定性逐渐形成了对事物及现象的固定性看法，以此为基础形成稳定的价值评价体系，即价值观。如果将价值观理解成围绕某一个别、具体的事物或现象形成的观点和看法，恰恰是狭隘地理解价值观的表现。价值观能够直观地反映出人们在实践过程中的需求、对某类事物以及事件的根本看法。价值观一旦形成，将对人的行为和观点产生统摄性的规范作用。

价值观是世界观的重要组成部分，世界观代表着人们对整个世界的看法，追问人在世界中存在的价值和意义。对于社会而言，价值观在社会文化体系中处于中心地位，对于个体而言，价值观是个体世界观的组成部分。价值观包含三个方面的内容：第一，价值原则，也就是评判事物或现象是否具有价值的标准。细致地追问下去，价值观的原则包含什么是价值，价值秩序的基本观点。价值观的差异不仅在于形成价值观的时代背景，个体或集体所处的社会结构同样会形成不同的价值观。个人主义价值观是以个人存在、权利、利益为核心的价值原则和依据。第二，价值标准。依照价值标准能够明确地衡量人应该做什么，怎么做，不应该做什么。价值标准作为一种社会群体间约定俗成的规定，潜移默化地在社会生活中制约人类主体的活动。比如伦理、道德、风俗、习惯，在此基础上制定的法律条文都在特定的情景范围内受到当下群体的价值观的影响。可以说，每一个不同的社会形态下有其自身形成的价值观并具有相应的价值标准。第三，价值理想是人们追求的、具有现实可能性和合乎自己愿望的价值目标，表现出对未来应然状态的设想。对主体而言，价值理想具有强烈的号召力和凝聚力。尼采认为，在创造新世界之前有必要对旧世界进行必要的价值评判，其后内心设立起关于新世界的价值观并建造新的世界。经过反思的价值观不仅是建造新世界的标尺，同时也体现了人的一种价值追求和理想信念，投射了对新世界的期望和对旧世界的弊处的改革。

历史唯物主义认为意识能对物质实践产生能动的作用。价值观作为一种意识形态，是人的意识活动中重要部分。一方面，价值观不是固定的，而是在一定的社会环境和活动中形成、演变，是人类在实践活动中通过自我意识对社会存在、社会生活的创造性把握；另一方面，价值观能够在感性的实践活动中对人产生巨大的影响，进而参与到认识世界、改造世界的活动中。价值观作为意识形态，在社会生活和社会实践中的能动作用具体来说有以下几个方面。

第一，引导功能。作为理性的人在从事感性活动之前必然对活动有预设，个体正在发生或将要发生的行为以某种目的为出发点，促使人们围绕最终目的进行活动，直至达成目标。不论结果是否能够达成，这种目的规定着人的活动，也是人从事感性活动的前提条件。对承载价值观的具体社会群体而言，价值观为此群体内成员提供了预设统一的目标。群体成员会自觉地将价值观外化到实践活动中，以价值观提供的价值标准衡量具体事物和社会活动的影响。

第二，价值观为整个群体提供了指导和方向，规范主体的活动，此即价值观能动作用的第二种体现方式。对处于社会群体中的个体而言，价值观约束、抑制了个体的行为活动，使得整个群体井然有序。人在社会生活中除了受到自我的规范，还受社会性的规范调控。个体为了保持自身生活正常运转，会自觉地将自身价值观与社会群体价值观最大范围的重叠，否则个体在社会中的生活将无法有效持续。社会宏观价值观正是通过自己所处的主导地位，指导个体的活动，并且通过有意识的构建价值观，影响人的行为，抑制着集体活动（包括个人与个人，群体与群体之间）中可能出现的任意行为，化解冲突矛盾。

第三，凝聚社会共同体的功能。价值观受到时代环境、社会背景、所处阶层的影响而产生。马克思认为"人的本质不是单个人所固有的抽象物，在其现实性上，它是一切社会关系的总和。"① 社会关系逐渐形成、反映出人作为人的本质，具有相同价值观的个体逐渐形成共同体。可以说社会共同体的建立、维系是以共同的价值观作为基础。虽然价值观带有强烈的个人色彩，但是群体生活会对价值观产生重构和塑造的作用。拥有相同价值观的社会共同体在与其他社会群体交往活动中产生对立意识，从而将个体成员凝聚在一起，整合个体成员，协调相互关系。由于共同的价值观为共同体成员提供了相同的理想信念和追求目标，共同体成员出于自身长远利益和根本利益的考量做出类似的选择，从而形成了强大的向心力。例如，宗教观、民族观和阶级观作为价值观的具体表现形式，对社会共同体的影响是十分巨大的。

最后，价值观还具有激励功能。价值观在理性统摄下引导人的

---

① 中共中央马克思恩格斯列宁斯大林著作编译局. 马克思恩格斯选集（第三卷）[M]. 北京：人民出版社，1972：60.

活动，并且能够激发社会个体的主观意志力，成为社会个体活动的精神力量。由于价值观能够镜像化地反映主体的个体需要和本质追求，成为主体的强大动力，激发主体的潜力，驱动主体的意志力不断地挑战自身极限直至达成目标。所谓价值理想，必然是在当下环境中缺失的东西或不完善的现象，从活动目标来看，是一个从无到有的过程。需要改变主体已然适应的环境，克服此前未遇到的困难。坚定的价值理想和价值信仰能够使主体在追求的过程中保持自身的热情和动力，积极地面对挫折，不断推动实践和认识活动持续、深入的进展下去。如果价值理想不够坚定，那么主体极容易在实践过程中半途而废，以至于理想变为空想。

在人类参与创造世界、改造自然的过程中，其实生态问题一直存在。人类社会与生态环境之间关系之紧密，甚至可以说二者是一种唇齿相依的关系。世界范围内前后出现过多种不同的社会文明，如玛雅文明、苏美尔文明和复活节岛上的文明等等。观察总结最早出现的社会形态，具有共同的特点，都发端于自然环境优越的地区。如古埃及、古巴比伦、古印度和古中国，都处于水土肥沃的大河流域。早期生产力水平尚且不够发达，生存更多依赖于自然环境。优越的自然环境使人们在相对简陋的条件下能够保障自身的基本生存要求基础上，有更多的时间用于满足基本生存需求以外的活动。只有以较为稳定的生存条件为基础，人类文明才有可能萌生或发生进步。人类最早期的部落形态得益于生态环境，但是当生态环境遭受破坏，人类的生活也将无以为继。美索不达米亚和罗马文明建立以后，通过大规模剥夺人类和自然资源保持了数百年的繁荣。但最终这些文明都衰落了，部分原因就是他们破坏了自身生存的生态条件。

这些文明虽然增强了控制自然的能力，但是最终无法超越生态的制约。

围绕生态问题，当代社会存在两种价值观倾向——人类中心主义和非人类中心主义。人类中心主义推崇人类利益至上的价值立场，把自然视为人的生存工具。非人类中心主义批评其人类利益至上的偏执立场，主张确立人与自然界的价值平等地位。人类中心主义将人类权利视为人与自然关系的底线，力图把握人与自然之间供给关系中的平衡，避免生态危机威胁人类生存。非人类中心主义则认为，二者地位平等，自然中的一切存在物都具有与人类相同的权利和价值。人类中心主义强调人的价值，缺乏对客体的尊重和对自身的限制；非人类中心主义过分认可客体的价值，反而抑制了人的主体性，所以二者都无法从根本上解决生态问题。只有树立生态的价值观才能解决生态危机问题，保障人生存的权利。

历史的悲剧不能重演，因此人们要反思人类中心主义的价值观，重新审视生态的价值。如果仅仅将自然、土地、山川河流视为工具，用 GDP 作为衡量社会发展的指标，依照目前已经出现的生态问题而言，显然是重蹈覆辙。目前在价值观领域面临着重新审视近代以来形成的极端人类中心主义价值观的任务。工业革命以来，生产力的高速发展使人们的生活水平得到前所未有的提高，对生态环境造成了前所未有的破坏。问题在于自笛卡尔以来树立的理性至高无上的传统下，把自然视为人类实践活动的工具和原材料，以物品的价值衡量生态环境和自然资源。这种以所有物的形式处置自然资源，并从经济学上的价值概念来评估自然的价值是存在问题的。极端的人类中心主义价值观，将人视作宇宙的中心、万物的灵长，出于自身生存发展的考量而漠视其他生命客体的存在，挤压它们的生存空间，以至于近半个世纪以来，生态问题愈演愈烈。极端的人类中心主义认为自然没有价值或只有工具价值，这种价值观上的扭曲是造成生态危机的根本原因。在反思极端人类中心主义价值观的基础上，只有树立正确的价值观才能帮助人类走出生态危机的困境，这就是生态价值观。生态的价值观并不是否定人类中心主义而转向非人类中心主义，从一种极端走向另一种极端，没有解决人类生存环境方面存在的危机，只是将全人类的处境从一种危机置换为另一种危机。生态价值观在反思人类中心主义价值观的基础上，重新认识自然的价值，意在建立人与自然和谐发展的社会环境。

第二节　生态学马克思主义价值观研究综述

一、国外研究综述

法兰克福学派最早提出了生态危机理论。在 20 世纪 40 年代霍克海默与阿多尔诺的著作《启蒙的辩证法》中，他们开始了对理性的批判和反思。霍克海默和阿多尔诺认为，虽然理性使人们摆脱了自然主义的混沌状态，确立起了人的自主性，人们一味地追求理性、崇拜理性，使得人反而被理性所支配。人们完全采取支配和统治的态度对待自然，科学技术的发展加大了对自然的影响能力。霍克海默和阿多尔诺以人与自然之间的对立状态为线索，对理性进行批判，同时指出人应该从支配自然的思维模式中走出来，形成人与自然和谐发展的新的生存方式。

赫伯特·马尔库塞推进对马克思人与自然理论的研究，加快了生态学马克思主义体系的形成。一方面，马尔库塞详细阐述了马克思关于人与自然关系理论，为生态学马克思主义的进一步发展提供了重要的理论依据。马尔库塞在其著作《单向度的人》和《反革命与造反》中揭露了资本主义的本质，批判资本主义制度的逐利本性，指出科学技术"通过对自然的统治而逐步为愈加有效的人对人的统治提供纯概念和工具"[①]，从资本主义制度批判的角度论述了科学技术与生态危机之间的问题。另一方面，马尔库塞继承了霍克海默与阿多尔诺批判理性的观点，他认为发达工业社会的组织形式和社会运转方式看似都符合理性的规定，然而作为社会总体却是非理性的。因此他提出用价值判断作为批判当下社会组织方式和社会问题的标准。马克库塞强调"'自然的解放'并不是技术使用的倒退，而只是推动它向前，以不同的方式利用技术文明的成果，以达到人和自然的解放。"[②]

哈贝马斯在《合法化危机》一书中，将生态问题称为"人本主义平衡遭到破坏"，拓展了生态问题的范围。生态问题关涉整个人类社会的发展。资本主义制度下高速发展经济的模式会加大人们对自然的消耗程度，自然的资源数量和恢复能力是有限的，在人类社会当下的发展背景下势必打破生态平衡。

---

① 赫伯特·马尔库塞. 单向度的人 [M]. 张峰，吕世平，译. 重庆：重庆出版社，1988：144.
② 同上.

法兰克福学派力图批判资本主义制度，同时也关注了资本主义社会制度发展下带来的生态危机，揭露了资本主义制度下人与自然的异化关系和资本主义制度的反生态本性。从生态学马克思主义，如威廉·莱斯、本·阿格尔、高兹等人的理论构建可以看出受到法兰克福学派的影响。

生态学马克思主义涌现出一大批理论，主要代表有本·阿格尔、戴维·佩珀、乔纳森·休斯、詹姆斯·奥康纳、福斯特、高兹等人，现对代表人物价值观思想进行理论综述。

本·阿格尔在1979年出版的《西方马克思主义概论》中首次将生态学与马克思主义结合在一起，提出了"生态学马克思主义"概念。但是他并不认为马克思的理论中包含生态思想，认为马克思对资本主义的分析只有经济危机却没有生态危机。阿格尔认为当前社会领域的问题已经由马克思所论断的经济危机转为生态危机。阿格尔揭示了资本主义制度下异化了的价值观——消费主义，认为资本主义为了维护自身统治地位制造出虚假的需求，使人们沉浸在消费主义的价值观，阿格尔提倡重塑价值观，克服异化消费，打破对消费的全面依赖，实行稳态的经济发展模式。

詹姆斯·奥康纳认为马克思的历史唯物主义理论中缺少对生态问题的敏感，因此他提出用"自然""文化"维度填补马克思主义生态领域的理论空场，构建"劳动、自然、文化"结为一体的生态观。奥康纳认为文化与社会的形成交织在一起，而不仅仅是马克思主义理论"作为上层建筑"的理解。他认为"生产力始终只是文化力量的一部分"①，应该从文化实践、技术、生产工具、生产对象等多种元素的凝练上看待社会整体。奥康纳认为不能将生态问题作为任何一个具体社会形态的问题来看待，生态危机不仅仅是后工业时代和资本主义制度特定时期的问题，而是贯穿于人类社会历史发展的始终。此外，奥康纳提出了资本主义双重危机理论，指的是资本主义社会中不仅仅存在马克思所说的生产力和生产关系之间的矛盾，还存在着生产力与生产关系和生产条件之间的矛盾。经济危机和生态危机并不是互相取代的关系，而是同时存在于资本主义社会中。

威廉·莱斯认为资产阶级对自然采取工具性的态度，辅助以技术手段加大了对自然的破坏程度，造成了严重的生态问题。因此他认为应该从人与自然关系入手，用新的方式看待自然，重估自然的价值，构建新的人与自然关系。

佩珀审查马克思的人与自然关系，认为其理论具有合理性，提倡采用这种方式对待自然，使人与自然能够达到和谐共处的状态。同时，佩珀认为资本主义的生产方式超越了自然所能承载的极限，应该重理需求和生产之间的关系。

安德烈·高兹是法国生态学马克思主义学者，著有《经济理性批判》《作为政治的生态学》等多篇著作。高兹全面、细致地分析了资本主义制度下对社会和人的影响，批判经济理性，认为经济理性与生态理性之间的冲突造成生态问题的产生。高兹认为将生态运动与政治性结合的方法能够形成自治的社会主义。

生态学马克思主义理论内部对一些问题的看法也是各有分歧，

---

① 詹姆斯·奥康纳. 自然的理由——生态学马克思主义研究 [M]. 唐正东，臧佩洪，译. 南京：南京大学出版社，2003：7.

14

因此很难对他们的思想进行分类。佩珀提出按照对马克思主义思想的继承关系，划分为传统的马克思主义和新马克思主义，他认为传统马克思主义者坚持经济决定论、历史决定论和技术决定论，强调阶级斗争是社会变革的动力。新马克思主义者又称人本主义马克思主义，站在人类中心主义和控制自然的思想基础上，对马克思的技术观重新评价。格伦德曼认为马克思主义理论对生态问题大体存在两种回应——正统马克思主义与绿色马克思主义。正统马克思主义维护马克思主义理论的核心思想，如劳动价值理论、阶级斗争理论等，认为生态问题的产生是资本主义制度造成的结果。绿色马克思主义认为马克思主义理论过于关注对人的剥削和支配，对生态问题缺少讨论。他们对生态危机是由资本主义制度产生的这一观点表示赞同，不同之处在于，他们认为资本主义的最终危机已经由经济危机转变为生态危机。格伦德曼认为这种划分方法还不够清晰，需要更深层次的哲学思想作为基础，将其区分生态中心和人类中心主义。"前者相信生态问题主要是对待自然的现代态度的结果——这种态度把自然视为客体并试图操纵它。后者认为这种工具主义的自然观完全没有错误，对待自然的现代态度并不必然地伴随生态问题；而且，更为重要的是，只有人类中心主义的世界观允许我们发展出变革现状的标准来。"①

墨尔本大学教授罗伊·艾克斯力（Robyn Eckersley）主张划分为人本主义的生态学马克思主义和正统的生态学马克思主义。人本主义的生态学马克思主义注重青年马克思的著作，追求人类与其他

① GRUNDMANN R. Marxism and Ecoloy［M］. London and New York：Oxford University Press，1991：52.

生物的和谐共存。正统的生态学马克思主义坚持晚期马克思的立场，认为环境问题同其他的社会问题一样，都是由资本主义的生产关系所造成的，只有变革生产关系才能解决问题。对待技术的态度比较温和，认为技术不是统治阶级控制、剥夺自然的工具，而是人类的福利。

艾克斯力本人认为从生态中心主义的角度看，这两种生态学马克思主义完全挪用了马克思的历史观和自然观，对自然的工具主义和人类中心主义的态度永恒化。正统生态学马克思主义的理论中认为非人类存在物只有作为人类材料的工具价值，非人类存在物其自身的存在方式在人类看来并无意义，导致形成了一个支配自然的工程，使得工具理性和技术主义得到发展。人本主义的生态学马克思主义将导致生态危机的原因归结于支配自然的观念上，他们认为马克思主义不包含生态中心主义的视角，期望在历史唯物主义的框架内解决生态问题是不可能的空想。倘若意图发展马克思的生态学，那么就意味着要否定他的历史哲学、人性理论和社会变革等方面的内容。

二、国内研究综述

国内学者生态学马克思主义的研究始于 20 世纪 80 年代。早期以文献翻译为主，翻译的内容大多集中在对美国和加拿大的学者为主。其后，生态学马克思主义理论内容引起国内学者的兴趣，开始了对各个代表人物思想内容的单一性介绍、研究。尝试与国外学者交流互动，戴维·佩珀于 2005 年参加了山东大学的研究活动，与郁庆治教授共同主持"生态社会主义"研究项目。总体来说，研究内容侧重于对生态学马克思主义理论的整体思想、特征、学术演进路径等方面的研究。对于生态学马克思主义价值观的研究成果尚且不丰富。

（一）生态学马克思主义与西方马克思主义的关系

针对生态学马克思主义理论与西方马克思主义之间的关系，国内学者大体存在三种观点。

第一种观点，生态学马克思主义属于西方马克思主义的较新流派，国内学者以俞吾金教授和陈学明教授为代表。他们认为，生态学马克思主义面对当代的生态问题大体上采用了马克思主义哲学的方法和观点，对于生态学马克思主义理论解决生态危机的路径也是对马克思主义当代的延续。王世涛教授认为"'生态学马克思主义'是70年代初以来形成的一个'西方马克思主义'的分支学派"①，这种观点是现今学术界比较主流的意见。

第二种观点，何萍教授认为生态学马克思主义是西方当代马克思哲学的新形态。② 生态学马克思主义建立了特有的研究范式，确立了特定的研究对象并且建立与之相应的范畴体系。生态学马克思主义突破了因果分析法和目的论研究法的弊端，采用了生态价值批判方法作为生态学马克思主义的研究范式。生态学马克思主义理论将自然作为研究对象并赋予自然文化和价值内涵。以人的活动、文

① 王世涛，燕宏远. "生态学马克思主义"论析 [J]. 哲学动态，2000（02）：41-44.
② 何萍. 生态学马克思主义：作为哲学形态何以可能 [J]. 哲学研究，2006（01）：15-21.

化、价值重新定义自然概念。

第三种观点，张一兵教授认为生态学马克思主义从属于后现代马克思主义。法兰克福学派开启了西方哲学界对现代工业文明的否定倾向，生态学马克思主义理论针对资本主义社会制度进行批判，否定资本主义文明形态。更为重要的是，其理论否定了马克思历史唯物主义理论中的生产力发展思想，其理论特点与后现代马克思主义具有一致性。①

本书站在第一种观点，即生态学马克思主义从属于西方马克思主义的较新流派的立场上看待生态学马克思主义理论。生态学马克思主义理论上认为生态危机与经济危机具有相同的根源——资本主义制度；分析方法上，生态学马克思主义沿用了历史唯物主义的方法，生态学马克思主义主张通过变革资本主义社会制度，建立生态社会主义的方式解决生态危机。其理论框架、路径都没有脱出历史唯物主义的范畴。生态学马克思主义与西方马克思主义同属于激进的保守主义；生态学马克思主义关注人与自然之间对立，符合西方马克思主义对解决现代问题的逻辑发展。

（二）国内关于生态学马克思主义理论价值立场划分的看法

国内对生态学马克思主义理论的价值观立场大体存在两种观点：

第一种观点以任暟教授为代表，《"生态学马克思主义"辨义》中对生态学马克思主义理论进行了划分："80年代以来至今，生态学马克思主义经过由'红到绿''红绿交融''绿色红化'的演变，其队伍不断壮大，可谓流派纷呈，据其对人与自然两者之间的价值

---

① 张一兵，胡大平. 西方马克思主义哲学的历史逻辑 ［M］. 南京：南京大学出版社，2003：416.

定位不同，我们可以将其分为生态中心论和人类中心论两大阵营。"① 任暟教授认为，生态学马克思主义者中，以鲁道夫·巴赫罗、本·阿格尔、威廉·莱斯、詹姆斯·奥康纳为代表，属于生态中心主义。他们认为，生态危机已经取代经济危机成为主要矛盾，承认自然的极限，主张经济和技术的改革。任暟教授认为生态中心论立场中对马克思的生态思想呈否定态度。人类中心主义的主要代表人物包括格伦德曼和戴维·佩珀。他们承认生态危机的产生与资本主义制度直接相关，反对工业社会的发展观，同时强调不应该在改革的同时放弃人类的价值尺度。

"生态中心论"的生态学马克思主义阵营中的代表人物有鲁道夫·巴罗、本·阿格尔、威廉·莱斯、詹姆斯·奥康纳等，他们站在"生态中心主义"的立场上，一方面，结合当代全球生态危机对资本主义制度进行了生态批判，认为人与自然的矛盾已成为资本主义社会的主要矛盾，生态危机取代了经济危机；另一方面，认为马克思主义没有关注生态问题，缺失生态学的考量。因此，提出要摆脱生态危机对人类的威胁，就必须以生态学为原则，在理论上重建马克思主义的历史唯物主义，在实践上重建资本主义的政治、经济、科技等，在政治发展目标上，采用"分散化""非官僚化"的技术，建立"稳态经济"模式，构建生态社会主义社会。生态中心主义者的生态学马克思主义与生态主义者存在区别，他们在设计解决生态问题的具体方案时，暗含着生态中心主义理论的意蕴，把人类的发展前景置于生态的背景下来考虑。

---

① 任暟．"生态学马克思主义"辨义［J］．马克思主义研究，2000（04）：67-73．

　　人类中心论的生态学马克思主义的代表人物有格伦德曼和佩珀，他们是新一代的生态学马克思主义者，极力为马克思主义的人类中心主义正名。他们批判前期的生态学马克思主义者附和生态中心主义，把人类的一切行动应当适应自然和自然法则这一假设作为评估生态问题的参考点，虽然他们看到了资本主义制度造成了生态危机，但反对工业社会的发展观把"控制自然"的观念看成是生态危机的思想根源，结果走向了反工业化的生态浪漫主义。格伦德曼和佩珀强调，环境退化的根本原因不在于"控制自然"，而在于人类对待自然的资本主义的特殊方式，人类在检讨自身对自然界的态度时，不应放弃人类尺度，应以人类整体利益即全人类的利益作为价值尺度。"从人类的需要和利益出发，建立人与自然共生共存的关系。而马克思关于人类控制自然的观点可以为人们指出自然生态问题的解决思路"①。

　　第二种观点，认为生态学马克思主义理论中不存在人类中心主义和生态中心主义的立场划分。王雨辰教授认为生态学马克思主义本身具有制度批判和价值观批判两个维度，生态学马克思主义一方面反对绿色思潮所提倡的生态中心主义思想，另一反面反对绿色思潮中的人类中心主义思想，批判他们在脱离制度层面的问题，而单单就价值观讨论生态危机的做法。王雨辰教授指出，生态学马克思主义"一方面坚持生态运动应该坚持的人类中心主义的价值观，另一方面又坚持应该在新的制度基础上，而不是在资本主义制度基础

---

　　①　任暟."生态学马克思主义"辨义［J］.马克思主义研究，2000（04）：67-73.

上对人类中心主义价值观的内涵进行重新解释。"① 刘仁胜教授指出生态学马克思主义坚持人类在自然中的主体地位，采用辩证的态度看待人类与自然之间的关系，将二者看作互相影响的统一体。

随着翻译范围的扩大，近年来理论方面更为丰富，引入了部分英国、澳大利亚的生态学马克思主义学者，新出现的具有生态中心主义倾向的生态学马克思主义学者。国内学界主流对生态学马克思主义的研究围绕福斯特、奥康纳、高兹、休斯等为主，又称正统的或人道的马克思主义，其价值观具有温和的人类中心主义倾向。由于文献资料的限制，本书以国内主流关注的人物为主进行生态学马克思主义价值观的研究工作。

（三）生态学马克思主义价值观的内容

国内对生态学马克思主义价值观总体看法，第一，生态问题的最终根源在于资本主义制度，因此生态学马克思主义的价值观研究始终与制度批判结合在一起，这是其理论与西方各种绿色思潮的区别之处。第二，对于生态学马克思主义价值观组成内容，国内学界大体意见一致，而在侧重点上各有差异。

王雨辰教授认为制度和价值观的双向变革解决生态危机，生态学马克思主义价值观与资本主义制度和生产方式的批判连接在一起。生态学马克思主义价值观包括三个方面的内容：人类中心主义的生态价值观，如何看待科学技术与生态危机之间的关系，破除消费主义的价值观。

---

① 王雨辰. 论生态学马克思主义的生态价值观［J］. 北京大学学报（哲学社会科学版），2009（05）：27-34.

刘仁胜教授认为，生态学马克思主义价值观是"人类社会对自然的有用性判断"①，生态学马克思主义运用辩证的历史唯物主义，坚持生态主体与生态客体的统一，因此生态学马克思主义价值观从内容上包括科学技术观、经济危机、批判异化消费观、自然的新陈代谢几个方面。

何萍教授认为生态学马克思主义坚持了马克思的唯物主义。哲学史上三种唯物主义形式——本体的唯物主义、认识论的唯物主义、实践的唯物主义。生态学马克思主义把实践唯物主义中的价值批判方法剥离出来，成为生态价值批判方法，通过价值这个范畴，使自然获得文化和历史的自主性。

陈学明教授认为，生态问题的产生与资本的"效用原则"和"增殖原则"有着深刻的根源，使得资本对自然采用有用性和工具性的态度，一些生态学马克思主义者认为"资本主义的危机从本质上说就是生态危机"，因此陈学明教授提出"在限制和发挥资本逻辑之间保持合理的张力"②，"绿色资本主义"只是不针对资本主义制度的幻想，同时指出消费观建构对于生态危机和生态文明的重要意义。

综合来看，国内对生态学马克思主义的理解大多建立于对材料的翻译和梳理，综合地分析、整合生态学马克思主义的成果还不够丰富，表现为研究集中在对各个代表人物的思想介绍，缺乏宏观体系性的研究。相信在前期国内学者对生态学马克思主义理论的个案讨论基础上，接下来生态学马克思主义理论的发展将进入综合化、

---

① 刘仁胜. 生态学马克思主义的生态价值观 [J]. 江汉论坛，2007（07）：52-56.

② 陈学明. 资本逻辑与生态危机 [J]. 中国社会科学，2012（11）：4-23，203.

系统化的阶段。国内多关注北美生态学马克思主义思想，对于法国、英国其他地区的生态学马克思主义研究成果涉及的比较少。相当多的著作都没有被翻译为中文，造成国内学者的理论研究多建立在二手资料的基础上，因此可能会导致对其思想内容的把握不够准确。

第三节　本书的结构、研究方法及创新点

一、本书结构

生态学马克思主义价值观共由六个部分组成。价值观即是关于价值的看法和观点，因此在开始价值观研究之前，梳理清楚"价值"的含义是必要的。首先，区分清楚"价值"这个词所包含的人文意义上的价值和经济学意义上的价值双重属性，澄清价值问题的概念前提。正是由于对价值概念双重属性的混淆，导致了极端人类中心主义的价值观，在这种错误的价值观指导下，生态问题一步步恶化。当前，人类要梳理生态的价值观，重新考量和认识自然的价值、人的价值。

生态危机的产生与价值观相关联，因为价值观是人的活动原则，规划人的生活理想目标，这些价值观内容构成人的活动的内在驱动力，导致人做出某些行为选择和规划，从而影响人与自然的关系。不合理的价值观诉求（例如人类中心主义、功利主义诉求）可能造成对自然的掠夺和破坏，造成人与自然关系紧张。

第二章考察生态学马克思主义价值观产生的历史背景和理论来源。哲学总是考虑时代的问题，生态学马克思主义的诞生有着深刻的现实背景。生态危机的全球性蔓延致使生态问题成为关系人类生存的重大议题，特别是当代生态保护行动多陷入困境，对环境的治理成效甚微，使得人们开始了解决生态危机途径的各种尝试，反思近代启蒙理性以来形成的极端人类中心主义的价值观。从理论来源上看，首先以哲学史上人与自然的关系为线索。其次，生态学马克思主义价值观受到西方绿色思潮的生态保护立场的启发，是西方学者对当代生态运动与马克思主义哲学理论相结合的尝试。通过挖掘马克思的生态思想充盈自身，使生态学马克思主义者有坚定的理论根基。此外，生态学马克思主义还受到法兰克福学派的影响，具有强烈的批判色彩。

第三章主要选取生态学马克思主义代表人物概括他们的思想内容，如本·阿格尔，福斯特，奥康纳，高兹等人，对他们的价值观思想进行提炼和概括。莱斯、佩珀、格伦德曼等人虽然是生态学马克思主义具有影响力的人物，由于他们的思想不具代表性，因此本书对他们只做简单介绍。对于近期引入国内的澳大利亚生态学马克思主义学者授罗伊·艾克斯力等人，本书并不做讨论，只选取主流观点进行介绍。

第四章总结生态学马克思主义价值观的理论内涵及特征。总的来说，生态学马克思主义价值观回应了生态中心主义对人类中心主义的指责，修正并抵制生态中心主义矫枉过正的做法，重新定义人类中心主义并确立了对人的价值诉求有限定位的温和人类中心主义立场。批判传统人类中心主义资本增殖逻辑导致的异化生产和人的异化状态，憧憬人与自然的和谐统一。具体的看，生态学马克思主义价值观具有以下四个特征：秉持温和的人类中心主义立场，批判理性至上导致的技术主义，对变革资本主义制度的必要性以及合理性予以肯定，在此基础上表达出向往人与自然和谐状态的生态社会主义价值理想。

第五章回到马克思的视角审视生态学马克思主义价值观，考察生态学马克思主义理论的进步性和局限性。生态学马克思主义贡献之处在于，挖掘了马克思的生态思想，反思近代以来理性至上的思维方式，结合当代生态危机的背景，对传统历史唯物主义的内容进行丰富和拓展，批判资本增殖逻辑下的功利主义价值观。我们同时应该正视其理论的不足，生态学马克思主义价值观中存在着对历史唯物主义的片面化理解，价值观批判和制度批判作为生态学马克思主义理论的两个重要维度，对价值观变革维度的重视还不够充分，表现出价值观变革主体的空场。

第六章结合前文对生态学马克思价值观的研究，综合其理论的进步意义和局限性，阐述对我国生态建设的启示。我们应当进一步加强对马克思主义著作的挖掘和深化理解，充分利用马克思主义哲学的宝藏，为我国生态文明建设提供指导，实现保护自然与以人为本有机统一。同时要注意克服生态学马克思主义价值观的局限性，避免重蹈覆辙。

二、研究方法

生态学马克思主义是西方学者为解决日益严峻的生态问题，将生态问题与马克思主义哲学结合起来的尝试。意图从马克思主义哲学中汲取理论养分，以解决生态危机。作为一门交叉学科，生态学马克思主义是马克思主义与生态学的结合，本书立足于马克思主义的基本观点，用历史唯物主义的视角分析生态学马克思主义价值观的内容，提炼价值观的思想。

（一）辩证分析法

对生态学马克思主义资料的处理采用辩证的方法。生态学马克思主义是以当代突出的问题为着眼点，结合经典马克思主义理论所进行的哲学思想的创新，与马克思历史唯物主义理论有着继承的关系。哲学思想是时代的精华，而生态学马克思主义是结合当下时代困境的理论创新。同时，应该看到生态学马克思主义理论存在的问题，其理论研究多出于后工业发达国家，与我国国情具有较大差距；其理论内部存在对马克思主义理论的解读也存在争议，生态学马克思主义作为正在形成中的理论尚且有发展空间，需要随着理论的进一步发展进行深度解读。

（二）归纳分析法

生态学马克思主义的理论受到诸多理论的影响，主要包括经典马克思主义、法兰克福学派、西方绿色思潮。本书通过考证生态学马克思主义的学理来源，对比生态学马克思主义与上述思想理论之间的继承与差别关系。对生态学马克思主义不同代表人物之间的思想关联进行对比分析，比较其价值观的差异。

三、可能存在的创新点和不足之处

生态学马克思主义近年来逐渐成为学界关注的重点，研究内容围绕生态学马克思主义个别人物的专著或观点。生态学马克思主义理论对资本主义制度追责，将制度变革作为解决生态危机的根本方法。但是价值观对社会变革和生态危机的解决同样具有很大的推动作用，但是目前有关生态学马克思主义价值观的研究尚未得到拓展，现有的研究多以翻译、归纳的方式进行，缺乏对价值观层面的多维度分析和系统化整理。加强对生态学马克思主义价值观理论的研究有助于深化理解生态学马克思主义整体理论，因此这既是本书选题的意义也是本书的创新点所在。

不足之处在于，生态学马克思主义学者来自不同的国家，如英美、德国、澳大利亚等地区，语言相对复杂，因此国内对生态学马克思主义理论材料翻译资料不足，对部分生态学马克思主义的代表人物如高兹等，对其原著国内并没有翻译发行，因此理论研究多建立在对二手资料的解读基础上，对生态学马克思主义主要代表人物的理解可能存在一定的不足。

第二章

生态学马克思主义价值观产生历史背景及理论渊源

价值观作为一种意识形态，与社会环境、历史条件以及生产力发展状况等客观因素有着不可分割的联系。生态学马克思主义者认为，当今社会环境的变化导致了人类所面临的危机由马克思所断言的经济危机转为生态危机。分析产生生态危机的根源和解决路径的探索是生态学马克思主义者面临的两个主要任务。而这些问题与价值观有着紧密的关系。

第一节　生态学马克思主义价值观产生的历史背景

生态学马克思主义的出现有着深刻的现实背景，虽然生态问题一直伴随着人类的实践过程，但是生态问题一直没有受到高度重视。直至近代社会，蕾切尔·卡逊发表了《寂静的春天》一书，引发大众对生态问题担忧的共鸣，拉开了生态学者集体维护生态环境的序幕。

一、全球化生态危机的产生

"生态"这个词通常用于生物学领域，指生物体及其环境之间的关系。尽管对于引起生态危机、自然环境恶化问题的因素缺少严格统一的解析定义，但是存在一致认同的对环境问题分类的看法。莱内尔·格伦德曼（Reiner Grundmann）根据1987年《世界环境与发展委员会报告》以及帕斯莫尔的理论，编制了一个环境"现象"的表单，表单所列举的现象包括：（1）地下水的枯竭；（2）污染（空气，水）；（3）有毒化学物质的扩散；（4）侵蚀；（5）自然环境的破坏；（6）危险废物的扩散；（7）酸化；（8）新的化学品；（9）荒漠化；（10）污染；（11）物种灭绝；（12）自然资源的枯竭；（13）人口的增长。格伦德曼认为所列出的这些现象可归为三类：污染、可再生资源和不可再生资源的枯竭和人口增长。对人口增长是否可以看作生态问题还有所争议，其他两类的生态问题属性都无可置疑。

20世纪70年代初出版的有影响力的两部著作《增长的极限》和《生存的蓝图》，预设了人口的几何倍数增长，以公式化的形式表明了人口增长将对生态环境造成的沉重负担。格伦德曼受到了一定的影响，他认为人口增长之所以被视为生态问题，主要原因在于人口的高速增长将导致更大的资源消耗。格伦德曼认为只要是人类行为因素引发生态环境造成负面影响的均可被视为生态问题，包括人类本身。究其根本，格伦德曼认定人口增长是生态问题其原因不外乎是人口增长所带来的一系列问题，例如环境污染和资源枯竭，而人口增长本身是造成生态问题的重要条件。因此按照格伦德曼的观点，生态问题基本可以归为两类：污染、可再生资源和不可再生资源的枯竭。罗宾·阿特菲尔德提及了另一种分类：污染、自然资源减少、人口增加、野生动植物遭到破坏、由于侵蚀和沙漠化导致耕地的减少、地球生命支持系统濒危。在《生存的蓝图》中阿特菲尔德将"地球的生命支持系统濒危"描述为"生态系统的破坏"，乔纳森·休斯认为"引入这一类别则反映了什么是通常所称的生态问题的系统性或综合性，即不同环境因素和问题的相互联系"①。因此得出结论，生态问题可以归结为资源枯竭、污染、和自然生态系统的破坏三方面的表现。

　　然而生态或环境问题并不完全属于自然科学的领域，人类既是整个生态系统中的生物体，也是能动的活动主体。纵观人类的活动痕迹，无外乎是一部建立在人与人之间相互协作的基础上，改造客观自然的人类社会扩张史。人类社会的发展必然以对自然资源的依赖为前提，马克思认为自然观与历史观相统一。特别是在生态问题这个问题域中，由于生态系统的有机整体性，地球是一个有机体。北美地区燃烧的二氧化硫有可能在气流的作用下形成酸雨洒向热带雨林，人类社会过量排放二氧化碳所造成的温室效应导致了全球性气候变暖，这种影响甚至涉及人迹罕至的北极，使北极熊赖以生存的大面积的冰面融化，生存成为问题。无论人类如何定义自身与其他非人类生命体的差别，不可否认的是人始终是生物链中的一分子，我们几乎无法对"自然"和"社会"做出清晰的划分，马克思认为自然和人类社会之间是互相渗透的。

_____

① 乔纳森·休斯. 生态与历史唯物主义［M］. 张晓琼，侯晓滨，译. 南京：江苏人民出版社，2011：19.

生态问题提出伊始至今，仍存在一些对立的看法，认为生态问题虽然存在但不至于十分严重，有些生态问题可以依靠自然的恢复能力得到解决或缓解，或者依靠科学技术的发展，用新的科技手段代替对不可再生资源的消耗。蕾切尔对20世纪后期人们对生态问题的抵触情节与维多利亚时期抵触达尔文进化论进行了类比，她认为当前来自外部社会和内部学界对生态问题的抵触情绪与达尔文发表《物种起源》时如出一辙。然而现在几乎没有反对达尔文进化论的声音了，生物进化已经成为一种既定的事实被大众所认可。可以说，现在被视而不见的问题并不一定是个伪命题，随着时间和环境的变化，人们的认知状况同样会发生变化。蕾切尔认为环境在影响着与人类具有进化渊源的、成千上万物种的同时，人类作为生物体同样不能例外。

19世纪初蒸汽机的发明解决了动力来源的问题，由此开始了西方发达国家的工业化进程。到20世纪中期，西方发达国家的工业化发展达到比较成熟的状态，完成了工业化阶段的建设进入后工业时代。正如马克思所说："资产阶级在它的不到一百年的阶级统治中所创造的生产力，比过去一切时代创造的全部生产力还要多，还要大。"① 由于生态系统是一个整体庞大的组织，因而生态问题作为工业化进程的结果并没有与工业化同步显现。20世纪中叶，伦敦爆发的烟雾事件，使12000多人受到烟雾影响失去性命。英国政府随之开始着手治理国内环境，先后出台了《清洁空气法案》《空气污染控制法案》《环境法》，并且面对如此严重的生态问题，英国民众达

---

① 中共中央马克思恩格斯列宁斯大林著作编译局. 马克思恩格斯选集（第一卷）[M]. 北京：人民出版社，1995：277.

成共识，全民参与到空气的保护运动中，最终取得了有效的成果，烟雾现象得到有效控制。这并不是个例，生态学马克思主义代表人物福斯特进行总结："我们清楚地看到了帝国主义文明和资本主义制度化经济增长的现实，这样的生态帝国主义在几个世纪的发展进程中就制造出全球性的环境危机，并将地球生态置于危险可怕的境地。"① 对这种不顾环境限制而一味追求经济大规模增长的策略，必须采取措置加以限制，否则将导致生态系统的崩溃。

然而生态问题不仅仅存在于资本主义发达国家，发展中国家同样面临生态问题。发展中国家面临生态问题的源头有两个方面。一方面，当发达国家意识到环境问题对自身生存发展的巨大干预力后，采用了"先污染后治理"的解决方案。发达国家自身领域内的污染得到控制后，考虑到替换新能源技术、治理污染等成本，为了维持利润最大化而将污染重的项目转移到发展中国家。这种将污染转移的行为也被批评为一种新的殖民方式。例如日本的森林覆盖率达到70%，但是日本在国际贸易中世界木材进口量占到80%，即使在本国林木资源丰富的情况下，依然大量地进口木材以保护本国生态环境。另一方面，发展中国家由于自身所处的发展阶段，生产力、科技水平、教育程度较之发达国家存在一定的差距，在没有生态保护意识的情况下，发展中国家只能走高消耗、高投入、高污染的相对粗放的发展模式。在这样的现实条件下，发展中国家的生态问题显得同样严峻。发展中国家存在生态污染问题恰恰成为生态危机全球化的有力佐证。生产力的发展导致人对自然的过度开发，当对自然

① 约翰·贝米拉·福斯特. 生态危机与资本主义 [M]. 耿建新，宋兴无，译. 上海：上海译文出版社，2006：79.

资源的消耗超出自然的负荷力，那时将会出现生态问题。

我国作为发展中国家已经逐渐意识到了生态问题是制约社会发展的重要因素。1981 年十一届六中全会上提出，国家建设重点转向经济建设。改革开放以来至今，中国经济的高速发展令世界瞩目，被称为"中国奇迹"。在这个"中国奇迹"的背后，伴随着生态问题。我国的发展模式与西方发达国家有相似之处，即大力发展工业。但两者之间的区别在于，西方工业化经历了上百年的时间，中国用几十年的时间赶超西方工业化进程，因此将面临爆发高密度生态问题的可能性。

中国在 20 世纪 80 年代产生对生态环境的保护意识，出台了一系列有关环境保护的法律和政策。十六届三中全会上正式提出了可持续发展这一概念，要求中国的发展必须是全面、协调、可持续的，经济与资源环境之间的协调发展正是可持续发展的必然要求。党的十七大明确提出："建设生态文明，基本形成节约能源资源和保护生态环境的产业结构、增长方式、消费模式"[1]。随着中国人均 GDP 的增高，国民对生活质量的要求逐渐提升，十八大报告中明确将生态文明建设放到突出地位。

无论是发达国家还是发展中国家，无一例外都要面对生态危机的现实。部分学者认为发达国家应该为生态危机负有更大的责任。在满足了基本生存需求的基础上，更好地生活是人类社会发展的驱动力。假如人类社会发展必须以无底线地破坏生态环境为代价，那么这种发展模式无疑是本末倒置的。

---

① 中共中央文献研究室. 十七大以来重要文献选编（上）［M］. 北京：中央文献出版社，2009：16.

二、近代启蒙理性形成的理性至上传统引发的危机

生产力的发展放大了人类在自然中的活动能力，但是生产力的发展与生态危机的爆发并不存在必然联系，我们应当深究人类在何种意义上支配生产力的运用，或者说反思决定行为方式的思维方式。

中世纪神学统摄着人类的精神世界和客观世界，基督教哲学赋予人类一个超验的感性世界，导致盲目崇拜偶像权威，压制对自然知识的探讨，以防止科学理论对宗教权威的动摇。培根提出了："人的知识和人的力量合而为一。"① 希望能够自由地追求知识，通过推崇和开拓知识的力量达到振兴科学、促进生产和改造社会的目的。中世纪以来，教会所代表的封建统治势力垄断了知识，一切关于自然的知识都成为异端邪说遭到压制和反对，上帝成为真理的化身。面对自然科学的荒芜，文艺复兴是一场解放人性的运动，通过艺术、科学、思想方面的成就表明了人类的自身力量。在培根看来，这就是理性的力量。

理性作为人类自身的一种能力，对人类社会进程产生了极大影响。启蒙以来，理性的崛起通过精神、科技乃至政治生活等方面对社会造成深刻的变革。科学方面，形成以观察、实验和归纳总结的科学认识方法，使人们形成了对客观规律的认识。在科学认识客观规律的基础上，运用规律掌握自然、发展生产。新兴资产阶级以理性为力量最大限度地壮大自身，最终实现从封建主义桎梏下解放的目的，逐渐形成了以主体性、自由、契约、自我意识为核心的社会

---

① 弗朗西斯·培根. 新工具 [M]. 沈因明，译. 北京：商务印书馆，1935：37.

制度。现代生活的基础是理性主义，"当理性的欲求替代了传统的欲求时，它们似乎提供了某种比先前的教条更具有确定性的知识"①。理性成为公共领域中的共同法则，西方社会从对神的崇拜转向对理性的崇拜。哈贝马斯将理性比喻为"批判的法庭"，一切不符合理性标准的东西都被认为是必须舍弃、破除的东西。在启蒙理性推崇理性的过程中，理性至上的思维方式给现代社会带来了巨大影响，例如生态危机、经济危机、价值虚无主义。

首先，理性至上与生态危机有着不可分割的联系。胡塞尔评价哲学从古代到近代是"关于存在者全体的学问"②，哲学的存在要给予其他学科根本性的指导，具体学科追问"是什么"的结果，而哲学追求的是"如何是"的过程。例如古希腊时期，哲学侧重于把握整体性的问题，世界本原或者苏格拉底的善都是人们对世界一以贯之的解答。从笛卡尔提出"我思故我在"，确定了主体性原则，理性发展到黑格尔达到了极致。主体性原则的确定意味着打破了古代时期哲学对整体性把握的追求，造成了人类世界的二元分裂。自然、他物、他人、社会成为主体的对象，与主体分离。而理性又进一步放大了主体与客体之间的分离，甚至使二者之间的关系发展到对立的状态。

在主客二分的思维方式下，客体成为主体的对象，主体运用理性对客体进行观察、判断，基于对客体对象物的分析形成尽可能客观的认识。此前的血缘宗亲伦理和精神上的价值必然被理性所消解。

---

① 安东尼·吉登斯. 现代性的后果［M］. 田禾，译. 南京：译林出版社，2011：34.

② 埃德蒙德·胡塞尔. 欧洲科学的危机与超越论的现象学［M］. 王炳文，译. 北京：商务印书馆，2001：18.

理性改变了人与自然、人与人之间的关系。正如韦伯所论述的，理性以新的方式构筑世界，完成了对自然界的"去魅"。自然之于人类而言，是可以利用、支配的素材的"原材料库"，只具有工具的属性而不具有自身价值。特别处于资本主义制度下，经济利润是生产无止境的追求目标，价值取代使用价值。资本主义生产方式中，自然资源的消耗以及生产过程中对生态环境造成的污染并不计入生产成本。

其次，理性至上的发展模式决定了在社会发展中以社会物质的无限度累积的发展模式。在市民社会中，每一个个体都是在市场中活动的经济人，社会活动围绕经济活动来进行。具体地说，社会个体在实践活动中以经济利益为自身活动的唯一标准，以完成资源的最优配置为最佳活动方案，从而达到实现自身价值的目的。当价值的意义完全被置换为经济价值的概念，社会的发展完全以财富数量来衡量，消费取代了需求成为生产的目的。马克思认为，资本主义的社会矛盾是社会化大生产的前提下，劳动产品不归属于劳动者却归属于资本家私人占有，私有制使资本家占有劳动产品，使得无产阶级陷入越来越贫困的境地。这种两极分化的趋势逐渐扩大，将导致劳动产品大量积压、工厂倒闭、大批无产者失业，社会经济无法正常运转，陷入集体的混乱之中。理论上，经济危机的爆发一直都具有可能性，唯独在资本主义经济制度下才从可能变为了现实。

最后，尼采认为虚无主义意味着人们失去了对最高价值的热情和追求，表现为"精神力量可能已经困倦、已经衰竭，以至于以往的目标和价值不适合了，再也找不到信仰"①。市场经济的理性使经济价值强势侵入到社会生活中，打破了传统伦理道德、法律制度以及社会风俗等。因而，"宗教虔诚、骑士热忱、小市民伤感"这些都被"淹没在利己主义打算的冰水之中"②，不再关心生命的意义这类命题，最高价值的沦丧意味着所有的价值都处于平等的地位，造成个人生活和社会生活中价值的混乱。尽管现代社会中仍然强调公平、民主、自由，但在经济逻辑的影响下，这些价值原则都成为附属而不占据主导地位。

理性是个体的主体规定性的一个方面，过度地强调理性无疑将导致对主体其他规定性的压抑和漠视。人们陷入对现代的理性精神的崇拜，理性不仅存在于公共领域，同时进入了私人领域成为个体的信仰，超越性的终极关怀退出了公共领域。虽然"理性"使人类摆脱了封建神学下"神性"的束缚，但发展到现代社会，理性的失控使人们也丧失了终极目的与价值的追求。

三、当代生态保护行动陷入困境

1968 年埃尔利希的《人口爆炸》和 1972 年罗马俱乐部出版《增长的极限——罗马俱乐部关于人类困境的报告》发布之后，生态问题得到了更高的重视。书中指出，人口、粮食、工业化、不可再生资源的消耗都成几何指数增长，这些无限的消耗与地球有限的生

---

① 弗里德里希·尼采. 权力意志（下卷）[M]. 孙周兴，译. 北京：商务印书馆，2007：400-401.

② 中共中央马克思恩格斯列宁斯大林著作编译局. 马克思恩格斯文集（第二卷）[M]. 北京：人民出版社，2009：34.

态承载力和资源之间存在不可调和的矛盾，因此人类的发展理论上存在着"极限"，人类有必要反思自身的行为方式和思维习惯以防止人类社会的崩溃。在此过程中，发达国家应该承担更多的责任，原因在于"……这些国家仍然是传播增长的综合病症，并使其继续发展的根源所在"①。世界环境与发展委员会于 1987 年出版《我们共同的未来》提倡一种"可持续的发展观"，认为人类有能力同时完成经济增长和环境保护这两个看似矛盾的任务，提倡富人进行适度消费，第三世界在满足基本需要的前提下获得合理的资源和经济增长。艾伦·杜宁提出，幸福感与消费水平二者之间没有必然联系，满足感更多层面来自精神世界的满足而非单单源自物质世界，提倡"绿色消费主义"的消费观。

生态问题引发的思考是全球性的，因此在各地诞生了绿色政党组织。20 世纪中叶，生态灾害事件频发，引起了公众对生态环境的保护意识。60 年代末，在工业化较为发达、民众受生态环境影响较大的国家，比如英国、美国、德国等国家接连出现了自发的群众游行活动。通过游行活动群众表达出强烈的对生态环境的保护意愿，包括对当权政府不作为的不满情绪，以此为序幕保护生态的活动逐渐扩大开来。为了回应各地爆发的游行活动，各地政府纷纷于 70 年代开始出台环境保护相关的法律政策，将环境治理纳入国家建设的版图之中。

欧洲绿党主张人是自然中的一部分，并非凌驾于自然之上，主张保护自然环境，完全取缔重污染的企业，废除以追求利润为目的

---

① 丹尼斯·米都斯等. 增长的极限——罗马俱乐部关于人类困境的报告 [M]. 李宝恒，译. 长春：吉林人民出版社，1997：150.

的经济发展方式。在政治上，反对资本的介入，主张实现基层的政治自觉和民主。最初的绿党主张无政府主义和个人主义，为了在社会活动中扩大影响力，他们重新看待传统社会主义政党，并逐渐与其他社会团体进行合作。从群众游行的自由形式发展为有组织的"绿党"，但一直以来绿党都不是西方政治市场中的主流。只有德国绿党在1998年成为执政党，并在生态保护的活动中做出了很大贡献。正如奥康纳所言："在大多数场合下，绿党在实践中大多就是指那种地方主义的政治学"①。

无论资产阶级和经济学家如何否定生态危机的存在，对科学统计出的数据人们也不能视而不见。20世纪90年代初，国际上开始试图行动以控制温室气体排放。1997年《京都议定书》出台，首次以明文规定的文件为大气保护设立规则。规定了工业发达国家减少废气排放量的额度，包括中国在内的发展中国家在初级阶段并不承担减排义务。随后1997年至2001年，在开始实施《京都议定书》进行谈判时，谈判的焦点集中在两个问题上：一，允许从不需要减排的国家购买减排指标；二，对森林和农田提供排放信贷。欧盟认为这两个问题不过是试图掩饰不愿意履行减排义务而坚决反对，相反，美国、日本、加拿大等国则对此提出赞同意见，双方的僵持不下导致在2001年布什政府宣布单方面退出《京都议定书》。为了通过《京都议定书》，联合国在波恩召开会议，欧盟被迫让步，接受了最初的两个提议。实际上，在修改过的议定书为工业化国家留下出路，由于农田和森林被视为具有碳汇作用，因此部分被认为已履行"减

---

① 詹姆斯·奥康纳. 自然的理由——生态学马克思主义研究［M］. 唐正东，臧佩洪，译. 南京：南京大学出版社，2003：38.

排"的国家只要保护森林，任其生长即可以得到排放的信贷。另外，议定书认可污染排放指标的交易为合理行为，这也就变相允许了1990年以来增加温室气体排放的国家可以向其他国家购买排放指标，限制温室气体排放的措施可以用资本置换。《京都议定书》最核心的内容——设立减排的法律约束已经形同虚设。

美国作为高度工业化的国家，仅一国的温室气体排放量就达到世界总量的四分之一。2001年时任美国总统布什重申自己的强硬态度，并表示坚决不会重返《京都议定书》。布什政府指派国家科学院对气候科学进行研究，希望通过国家科学院的研究结果佐证本国的政治决策的正确性，推翻联合国关于气候变化政府间协作小组的研究成果。美国国家科学院在多次受到布什政府干预的情况下依然给出了"排放增加主要归咎于人类活动"的科研结果，布什政府不得不为排放温室气体负责并且执行减排政策，但是从主观意愿上拒绝执行具体政策。在他们看来，美国经济为减排付出过多的代价，比如因解雇工人和消费物价上涨而给美国带来的负面影响。现实状况中环境保护活动的碰壁证明了，货币成为凌驾于自然环境价值之上的标准，利益冲突导致生态保护活动陷入困境。

《京都议定书》的失败只是一个缩影，证明了当前资本主义制度下生态保护行动必然面临的共同结局。联合国政府间协作小组和美国国家科学院提供的报告，提示温室气体的排放将对地球全体生命体造成威胁。持续增加的温室气体排放量将对地球生态造成累积性的影响。沙漠化扩大；热带雨林的破坏；海平面上升将淹没沿海地区，而沿海地区的发达程度普遍高于其他地区，这就意味着将有更多的居民受到影响；生态系统遭受破坏，物种和遗传多样化的减少等等。无论这份报告具有多大的客观可信度，解决温室效应的任务有多么的迫切，甚至从理性角度考虑，温室气体排放需要实施比《京都议定书》所制定的高得多的水平及安排才能解决全球变暖问题，但是《京都议定书》的种种努力还是失败了。不断地增殖是资本自身的本性所决定的，在资本快速积累的前提下，生态系统受到较大的干扰，很难恢复生态系统的自有平衡。尤其对于那些依靠能源消耗的工业来说，只会考虑到如何获得更大的利润，温室气体以及有害气体的排放都不在他们的考虑范围之内。

当代生态保护活动从小群体行为逐渐发展为有组织的政党，影响力也在不断扩大，事实上绿党及绿色团体在西方社会乃至世界确实有着广泛的影响，但是在实践活动范畴内取得的成果往往没有获得实质性的进展。在变革现有利益格局的前提下，地方主义、国家主义成为生态保护活动的障碍。现代社会结构中，民族国家既作为经济代理人，同时作为保护国内资本利益的军事代理人而发挥重要作用。由于经济价值成为衡量决策的重要标准，在利益的驱动下，地方和国家以联合为小团体的形式为高利润的高污染活动提供保护伞。此外，生态学马克思主义批评绿党活动理论指责多于实际改革措施，不能提供出替代现有生产方式和生活方式的新理论。多数国家的绿色活动团体仍然坚持无政府主义，这同样导致无法将绿色意志凝聚为社会共识，致使生态保护活动无法形成群体合力。

第二节　生态学马克思主义价值观的理论渊源

任何一种理论的形成除了受到时代和社会环境的影响，更有自身的理论来源。生态问题体现为人与自然关系的对立，生态学马克思主义价值观追溯了哲学史上的人与自然关系，为生态问题追寻理论源头。人类中心主义和非人类中心主义各自不同的立场是生态学马克思主义价值观的内核；生态学马克思主义价值观方面体现为西方绿色思潮与马克思主义的生态思想相结合的特征；同时吸收法兰克福学派对工具理性的批评思想，作为批判资本主义反生态本性的重要依据。

一、哲学史上人与自然关系的流变

人类发展的历史必须建立在自然的基础上，也就是说人类在整个历史过程中从未停止过关于人与自然关系的命题的思考。早期哲学史上人与自然价值统一于本体。经过 1000 多年的发展，以笛卡尔为开端的近代哲学形成了"主体与客体""思维与存在"相对立的思维方式最终形成了现代极端的人类中心主义价值观。

最早的文化都是以神话故事的形式出现，表现出人对自然的原始崇拜。比如我国早期神话传说盘古开天辟地，女娲补天；西方则将亚当、夏娃视为人类的始祖。原始社会中生产力处于极度低下的状态，因此生存发展很大程度上依附于自然。早期农耕活动所需要的降水、土壤、日照等必要条件完全依赖与自然环境；渔民的捕鱼活动完全依靠潮汐、风向、海流的影响。由于主体能力过于弱小，自然的力量在人面前显得过于强大。自然不仅是丰富的资源，也是不能预测的神秘力量，人类只能用单方面的崇拜来表达敬畏的意识。例如沿海地区渔民对龙王形象的塑造，游牧民族直至今天仍然保留着对自然物图腾的信仰。

人类在实践过程中改造自然，也在改造自身，认知能力得到强化。古希腊哲学早期，并没有与自然分离的观念。希腊人将自然视为"大宇宙"，而人是"小宇宙"，人与自然处于一种相对混沌的状态。希腊哲学早期思考的问题几乎都围绕"phusis"（自然、本性），特别是在前苏格拉底时期这种特点更为明显，伊奥尼亚哲学侧重于自然意义上的"phusis"。物本原说将自然本质归结于某种自然界的存在物，万物发源于此并复归于此。人与自然有着相同的本质，因此也拥有相同的价值。早期自然哲学家大多自觉或不自觉地以感性经验为认识的依据。自苏格拉底、柏拉图之后开始将人从自然中剥离出来，柏拉图将世界二重化，划分理念世界和事物世界，这是人类历史上认识能力第一次提升的标志。人对价值的判断、对事物的认知全都建立在对本体的依赖上，古希腊时期人与自然关系以自然为主，本体决定一切，人的主体性没有确立。

中世纪通常被喻为哲学的黑暗时期，中世纪的哲学通常与神学捆绑在一起，成为"神学的婢女"。自然观方面，"在圣经《创世纪》中，上帝进行创造的故事宣布了上帝对宇宙的统治权以及人对地球上具有生命的创造物的派生统治权。"① 上帝要求世间万物欣欣向荣，各种生物繁衍生息，人民安居乐业。中世纪神学明确了神是世界中的最高存在，人要服从于神的意志。圣经给予人类对上帝派生物的统治权，上帝所赋予的统治是在管理的意义上才能够生效。问题在于，管理并不意味着为所欲为。上帝表明人的主体性以非理性的方式得到阐释，但确立的不是人的主体性，而是上帝这个超验的本体。

恩格斯将近代哲学的特点总结为"关于思维和存在的关系"问题，即为主体和客体关系的问题。是一种以培根、笛卡尔开始树立起人作为主体，外界的"他物"作为客体的思维方式。笛卡尔将人类理性的力量从中世纪对神的信仰中解放出来，赋予人以获得真理的力量，并使之成为形而上学的基础，从而确立了现代哲学中思维的主体性原则。但是笛卡尔"普遍怀疑的方法"无法证实主体和客观世界的实在性，只能将客观世界视为主观构建的结果。如此一来，自然成为客体，被视作机械运动的客观存在，理所当然地受到机械规律的统治而没有内在目的。

近代科学将自然数学化，使得自然成为一个自身封闭的物体世界。这"世界可以说分裂成为两个世界：自然和心灵的世界"②。十八世纪在物理学和数学领域取得的成就改变了以往人们对于物理世界的理解。法国唯物主义者发扬经验和观察的传统并将其贯彻到底，形成彻底的机械唯物主义。孔狄亚克认为"每一个感觉分别看来，

---

① 威廉·莱斯. 自然的控制 [M]. 岳长岭，李建华，译. 重庆：重庆出版社，2007：27.
② 埃德蒙德·胡塞尔. 欧洲科学的危机与超越论的现象学 [M]. 王炳文，译. 北京：商务印书馆，2001：77.

都可以看成一个单纯观念；一个复合观念则由若干个在我们以外加以结合的感觉形成。"① 每一个感觉都能被分配在精确的位置上，组合为复杂的思想或心理感受。拉美特利认为"人是一台如此复杂的机器"②，人的心灵可以像机械一样被拆卸分解。与此同时，自然作为对象如柯瓦雷所说："人类失去了他生活于其中、并以之为思考对象的世界。"③ 机械唯物主义自然观认为自然领域只有客观规律性和必然性，人不能干预自然界的必然性，自然在人面前变为纯粹的客体。如此一来，自然在人类面前作为纯粹的客体，被视为对象物。人类可以运用自然规律，依照自己的需求改造自然、从自然中获得所需。近代启蒙以来的理性破除了神学对人主体性的奴役和压抑，使人们集体陷入对理性的崇拜，理性同时为人类树立起了新的权威。自然对于人来说成为人的对象、客体存在物，是与人相对立的。自然只具有物性，一切价值的标准以人的尺度来衡量，对人来说有用的即是有价值的，反之则没有价值。对于自然的开发、利用是合理的、正义的行为。

恩格斯在 1841 年《漫游伦巴第》中描述了少女城的人们所修的山路总是被莱茵河冲毁又反复重建的过程，感慨道"这里的人们就比大自然更强大"④。这表明恩格斯注意到了工业革命后人类正在成

① 北京大学哲学系外国哲学史教研室. 西方哲学原著选读 [M]. 北京：商务印书馆，1982：97.

② 北京大学哲学系外国哲学史教研室. 西方哲学原著选读 [M]. 北京：商务印书馆，1982：104.

③ 亚历山大·柯瓦雷. 封闭世界到无限宇宙 [M]. 邬波涛，张华，译. 北京：北京大学出版社，2003：1.

④ 中共中央马克思恩格斯列宁斯大林著作编译局. 马克思恩格斯全集（第二卷）[M]. 北京：人民出版社，2005：318-319.

长中的力量，这种主体的能动力量面对自然不再是妥协与屈服。人类主体能动力的提高是历史发展的必然结果，人与自然的关系，从初始的无条件崇拜进入自然界"去魅"的新阶段。人类可以认识自然现象背后操作的规律，使自然资源为我所用。随之而来的是价值观上的变化，一种人类中心主义的价值观在社会中普遍地竖立起来。虽然从古希腊开始，普罗泰戈拉提出"人是万物的尺度"，但是人类与自然之间的关系并没有进入到对立的状态。直到工业革命后，技术被大范围地应用到生活和生产范围，给人们的日常生活带来了极大地改善，使得科学技术的合理性得以强烈巩固，一种极端的人类中心主义价值观开始在人类世界蔓延。自然对于人来说意味着资源和经过资本加工后形成的财富。"控制"这个行为在黑格尔看来是为了承认主人的权威而争斗，只有"他人"才可能成为控制的对象。那么人对自然的控制行为同样不单单是主体对客体的控制，还包含了主体之间的控制。

哲学史上人与自然的关系经历了原始崇拜到控制的过程，这种变化实质上是由人的主体性变化所决定的。自然作为存在物不具有主观能动的能力，人与自然的关系完全取决于人类的主体选择。在不同价值观下，人类看待自然的角度发生变化，那么人与自然的关系也随之改变。马尔库塞认为，"控制"有两种意义：压制性的和解放性的。如何将自然从压制性的含义转向解放性，取决于人类价值观的选择。

二、马克思的生态学思想

生态学马克思主义是西方社会在生态危机的时代背景下，马克思主义哲学与西方绿色思潮相碰撞结合的产物。马克思所处的年代，工业并没有发展到如今的程度，经济危机、政治制度和社会解放等才是最紧要的问题，虽然对环境问题有一定的认识却没有成为人们的焦点。19 世纪中叶，人类社会发生了巨大的变革，由田园诗歌般的农业文明进入了工业时代。马克思虽然没有在著作中系统地论述生态问题，但是在马克思对资本主义生产方式和社会进行批判性考察的过程中，特别是马克思早期著作中较多的阐述人与自然的关系，其中蕴含丰富的生态思想。

（一）马克思的"人化自然"生态自然观

第一，马克思一直以来坚持认为人是自然的一部分，从其早期博士论文开始就包含着这样的思想萌芽。伊壁鸠鲁认为自然是它的现实的自我意识的本质，马克思受到伊壁鸠鲁的影响，认为自然是一切存在物的总和，马克思对自然的看法在他后来的创作中也一直可见。人是自然界长期发展的产物，正是人的出现使得自然具有更加丰富的含义——自然是人的外部环境，是人类生存的客观自然条件的总和。早在《论犹太人问题》中，马克思将外部世界理解为"人类世界和自然界"，在《1844 年经济学哲学手稿》中，自然成为"感性的外部世界"，自然对于人来说是"人的无机的身体"①。马克思意识到不能将自然与人的关系割裂开来，自然之于人而言，是"赖以生活的无机界"。正是把整个自然当作人的直接的生命活动材料，人的生存必须依赖于自然的地质条件、气候条件，包括空气、生物条件、土壤、水源、阳光等等。在马克思恩格斯合著的《神圣

---

① 马克思. 1844 年经济学哲学手稿［M］. 北京：人民出版社，2000：57，107.

家族》中，这种作为人类活动环境的自然概念得到了进一步的明确。人的发展离不开对外部环境的依赖，"既然人的性格是由环境造成的，那就必须使环境成为合乎人性的环境"①。自然对主体存在一定的影响，表现为不同环境下人的不同性格特征。

第二，马克思认为自然是"一切劳动资料和劳动对象的第一源泉"，是人类活动的要素。自然与人的活动从一开始就关联在一起，自然界首先表现为人类物质生产活动的自然条件和自然环境。马克思认为如果排除个体差异性的影响，生产力取决于自然条件和社会条件。自然条件指的就是人类所依托生存的外在环境。自然界影响着人类的需要，从而充当了人类劳动的推动力。整个劳动过程都依赖于自然，劳动活动、劳动对象甚至劳动资料都包含有自然的因素。同时任何劳动生产，都包含有对劳动对象中自然物质的耗费。例如，可以将植物的生长过程视为对自然界中的元素和化学物质的消费，而人的身体的生产也在吃喝之类的消费形式之中。

（二）马克思异化劳动思想及社会革命理想

从写作的动机来看，马克思用异化劳动的四重规定来说明国民经济学的二律背反，以此对资本主义制度进行批判。马克思看重劳动，特别是劳动作为主题的感性活动，以自然为对象，起到了联结人和自然之间关系的纽带作用。他认为劳动不仅仅作为展现人本质力量的渠道还能够在社会领域实现人与自然的统一，然而资本主义制度不仅割裂了人与自然之间的和谐关系，并且将劳动活动扭曲为统治人、统治自然的力量，造成了劳动的异化、劳动产品的异化、

---

① 中共中央马克思恩格斯列宁斯大林著作编译局. 马克思恩格斯全集（第二卷）[M]. 北京：人民出版社，1957：166-167.

人同自身类本质的异化和人与人的异化。

　　劳动产品作为劳动者的本质力量的外化，本应归劳动者所有。然而在资本主义制度下，劳动产品反而成为与劳动者相对立的力量，马克思揭示了异化劳动对人自身以及人类社会的影响，即劳动的固化形式（劳动产品）对劳动主体的统治。马克思指出，"异化劳动，由于（1）使自然界，（2）使人本身，使他自己的活动机能，使他的生命活动同人相异化，也就使类同人相异化"①，异化劳动理论不仅批判资本主义制度对人所造成的异化影响，还具有自然向度，包含深刻的自然观内涵。

　　马克思通过揭示异化劳动的本质，揭示出资本主义制度下看似合理的劳动雇佣形式如何造成了人同自然、同人自身的异化。劳动本应反映人的本质和意义的实践活动，完全异化为一种与原意相背离的力量统治劳动者。同时马克思表明异化状态不断加深，只有在异化劳动中才能克服异化形式。当异化劳动充分的发展，人们才具备克服异化的条件。马克思认为，克服了异化劳动的人也就是重新对自己的本质的占有，实现人的自由、全面的发展，是在真正的社会中人性的复归，"是自觉实现并在以往发展的全部财富的范围内实现的复归"②，即以积极的方式占有异化劳动的成果的基础上，扬弃私有制建立公有制，实现人的自由和解放。

　　异化劳动中包含了对人与自然关系的认识，人与自然关系的破裂是资本主义私有制中异化劳动在人与自然关系中表现的一种形式。而马克思的异化是资本主义社会中问题根源，希望通过克服异化扬

---

① 马克思. 1844 年经济学哲学手稿［M］. 北京：人民出版社，2000：57.
② 马克思. 1844 年经济学哲学手稿［M］. 北京：人民出版社，2000：82.

弃私有制，实现共产主义。那么意味着在消除异化的前提下，人与自然的关系同样能得到本性的复归，成为人的无机的身体。

（三）马克思的"新陈代谢断裂"思想

马克思把人类社会的物质生产发展过程比喻为新陈代谢的历史，也有学者将其称为"物质变换"。因此，马克思的人与自然之间关系思想最突出的理论贡献，就是科学地论证了人与自然之间的发展关系，它在本质上就是新陈代谢关系。马克思还以此对资本主义在人与自然之间造成的"断裂"进行了批判，并奠定了"社会主义的基础"。马克思和恩格斯在《资本论》《剩余价值理论》《经济学批判大纲》《1857—1858 年经济学手稿》《反杜林论》《自然辩证法》等著作中，曾经超越自然科学的范围，多次使用"人与自然之间的物质变换"的概念（也存在"新陈代谢"的译法），以此来说明人类劳动和商品交换等社会经济问题并把它作为揭露资本主义的人与自然的内在矛盾来探讨。

劳动"是人和自然之间的过程，是人以自身的活动来中介调整和控制人和自然之间的物质变换的过程"[①]。自然并不能直接提供人类所需要的资料，因此马克思将劳动视为联结人与自然的媒介，是人以实践活动参与到人与自然之间的物质循环的方式，也是马克思对所属时代广泛流行的李比希的新陈代谢概念在社会实践领域的延伸。人的需要是劳动的出发点，人们从自然界获取原料，通过劳动使之变为合乎主体要求的存在，满足主体精神和物质上的需求。

一方面，在劳动过程中，自然以原材料的形式展现在人类面前，

---

① 中共中央马克思恩格斯列宁斯大林著作编译局. 马克思恩格斯文集（第五卷）[M]. 北京：人民出版社，2009：208.

成为劳动加工的对象。劳动是反映人本质的活动，因此人的主体规定性通过劳动形式凝结在了劳动产品中。此时的劳动产品既是凝聚了人的本质的存在，也是改变了样态的自然存在，自然以这种方式获得了人的属性，即自然人化的过程。另一方面，劳动产品进入消费环节后，将返回自然。没有进入消费的劳动产品只能作为静止的存在物，一旦进入消费环节也就意味着实现了自己的使用价值，马克思将其比喻为"死而复生"。劳动产品进入消费环节看似是对自身使用价值的完成，是劳动产品的终结，然而对于主体来说，对产品的消费同时也是另一个生产循环的开始。原先的劳动产品被视为材料进入新的劳动过程。

人与自然之间的对立状态是由资本主义社会制度造成的，而共产主义是对资本主义制度的积极扬弃，人与自然之间的矛盾将会在共产主义中达成和解。马克思指出，"作为完成了的自然主义＝人道主义，而作为完成了的人道主义＝自然主义，它是人和自然界之间、人和人之间的矛盾的真正解决"①。这说明，马克思认为人与自然之间不会一直以对立的形式存在，共产主义社会中存在着人与自然连接在一起的空间。在共产主义社会中，自然实现了人本主义，人类实现了自然主义二者获得了本质上的统一，意味着终结了人和自然的异化状态，实现了人的本质的复归和自然界的全面复活，也就是说解开了异化劳动对人的本质和自然的面貌的遮蔽，在共产主义社会中得到还原。资本主义制度下的人是片面的，他们的感知是不全面的，只能从对物的占有上获得享受和满足。共产主义社会中的人扬弃了利己主义性质，那么对人来说，自然也就失去了纯粹的有用

---

① 马克思. 1844 年经济学哲学手稿 [M]. 北京：人民出版社，2000：81.

性，扬弃了价值而留存使用价值。

总而言之，人与自然之间的关系需要通过生产力以及生产关系为基础的社会实践连接起来，马克思对资本主义下异化劳动的批判启示我们，只有改变资产阶级私有制才能从根源上解决问题。马克思提倡，在占有资本主义制度社会发展的所有成果前提下，进行社会制度的改革，使人类社会进入一个新的阶段。马克思以描述性的方式在人们面前展示了理想中共产主义社会的应有面貌，也可以将其视为人与自然之间矛盾的妥善解决。在理想的社会形态中，取消了资产阶级和无产阶级的对立状态，劳动成为反映人本质的自由活动。人与自然之间的物质变换在自由人的联合掌握下，摆脱了资本主义制度的生产方式的支配，也摆脱了对自然高度消耗的消费模式，是对人与自然关系的原本状态的还原。

三、法兰克福学派的影响

法兰克福学派认同马克思对资本主义的批判，关注生产力的变化和资本主义的全球化扩张，从诸多新的角度进一步对资本主义进行批判。其中法兰克福学派对生态环境的关注、异化活动在消费领域的形式等内容，为生态学马克思主义的萌发提供了理论土壤。法兰克福学派试图解决伴随工业化产生的生态灾难，同时为现代社会生态问题的解决提供新思路。

马克思认为，生产力发展将会解决生产资料的消耗和短缺问题。受到资本逐利本性的支配，资本主义社会制度中的资本家将以追求利润最大化为目标而不断地加深对无产阶级的剥削，最终导致社会极端的两极分化。资本主义从马克思所处的自由竞争阶段发展到了垄断阶段。阿格尔认为，虽然资本主义正如马克思所断言，在无止境的追求利润中循环，但是科技的发展并没有解决生态危机，另一方面，也没有发生两极分化导致的社会革命。反而在第二次世界大战之后，无产阶级首当其冲地受到战争的影响，生活陷入普遍的窘困。资本主义国家开始实行凯恩斯主义的经济干预政策和以资本高利润反哺社会福利政策，以此缓解了马克思所预言的愈加激烈的社会阶级矛盾，将社会生产控制在政府掌握范围内，又改善了无产阶级的生活状况和经济水平，使资本主义社会结构维持在相对平衡且稳定的状态。生产力方面，高科技突飞猛进的发展带来了一波新的改革，在资本家的掌控下，技术作为统治阶级的力量，加快了资本主义全球化的进程。近百年过去了，资本主义制度并没有如预期般崩溃，这种社会现象引发法兰克福学派对马克思主义理论的思考和批判。

启蒙理性、文艺复兴、工业革命为资本主义的生长创造了极其适合的生长环境，并且形成了现代化体系。社会生产力得到了前所未有的发展，从科技、文化、艺术、物质水平等方面可以得到确证。首先，法兰克福学派批判工具理性的无限制扩张和扭曲的功利主义价值观泛滥。在早期代表人物霍克海默和阿道尔诺合著的《启蒙辩证法》指出，"启蒙的根本目标就是要使人们摆脱恐惧，树立自主"①。启蒙希望用知识奠基人类精神的大厦，从混沌的神话中摆脱愚昧的支配。然而理性在近代逐渐走向失控，造成了人与自然之间

---

① 马克思·霍克海默，西奥多·阿道尔诺. 启蒙辩证法 [M]. 渠敬东，曹卫东，译. 上海：上海人民出版社，2006：3.

的分裂。

其次，技术理性是理性在实践活动中的具体表现形式之一，马克思把科技看作人的本质力量的延展，是人的肢体的延伸。科技以其工具属性，被应用在不同的场景下将对社会造成不同的影响。法兰克福学派认为科技在应用过程中对社会造成的消极影响远大于其积极意义。人类运用科技手段加大了对自然的掌控程度，实现了对自然更广泛和深层次的统治。此外，技术发展受到社会制度的影响，资本主义下的劳动异化，被进步的科技手段进一步放大，巩固了资本主义制度。法兰克福学派聚焦技术在自然领域和社会领域的双方面影响，明确地表达出技术悲观主义的立场。

最后，法兰克福学派并不是抽象的批判技术理性，并且具有制度批判的维度。其学派代表人马尔库塞认为，单向度的人的产生与资本主义制度下的技术应用有不可分割的联系。因此，批判的对象应指向资本主义制度而非技术本身。马尔库塞对技术的观点实际上与马克思相一致，他认为技术的合理运用有利于扬弃异化劳动，促进人的自由和解放。资本主义的生产方式始终以最大限度地追求利润为目标，技术只要在资本主义的范畴内就必须为其生产目的服务。因此要改变资本主义制度，才能使技术摆脱资本逻辑的支配。一旦技术走出资本的控制，也就意味着剥离了"技术合理性"。可以在满足人真正需要的意义上运用技术，从"技术合理性"走向"后技术合理性"。

法兰克福学派认为资本主义与生态危机有着紧密联系，劳动异化已经从马克思所分析的生产领域扩大到了消费领域。马尔库塞认为，出于对利润的无限追求，资产阶级创造了新的剥削无产阶级的形式——高生产高消费。高生产和高消费意味着更大程度上对自然的消耗，自然作为生产活动的起点和终点，需要承担更多的损耗。资本主义制度下的生产活动是为了获得更大的利润和扩大再生产。而人作为有限存在着的个体，维持基本生存的需要是有限的。因此资本主义社会全面强调物质消费，创造远超过个体正常需求的消费品来刺激消费。消费欲望造成了人对自然的剥削和掠夺，从而导致人与自然关系的恶化。马尔库塞认为这种模式将打破生态平衡，影响到人类的生存发展。

纵观法兰克福学派理论，首先，通过关注科学技术提出对资本主义制度的批判。法兰克福学派敏锐地把握时代的病症，意识到资本主义制度下人与自然之间的对立关系，提出生态危机理论。其次，法兰克福学派以马克思的异化劳动理论为基础，将资本主义的消费异化问题提到了新的高度。马尔库塞提出："人们完全拜倒在商品拜物教之前了"①。消费异化使人只重视物的占有而不重视内在价值，以物质消费感受替代了对意义和价值的追求。

法兰克福学派并没有单单从批判入手局限于对理论的摧毁，另一方面他们也提出了一些关于社会改革的设想，影响了生态学马克思主义的理论构建。法兰克福学派提倡科技的人道化、建立新的消费模式取代异化消费，消除科技在资本主义制度下的不合理应用以及异化消费对自然造成的负担。对现存社会文明予以全盘否定，建立一个新的、人道主义的健全社会。摆脱异化，恢复人的意义和价值取向。我们不能否认法兰克福学派的批判理论具有进步意义，但

---

① 赫伯特·马尔库塞，卡尔·帕泊尔. 革命还是改良［M］. 帅鹏，译. 北京：外文出版局，1979：54.

是，由于它在理论构建中缺失了对资本主义基本矛盾的论述，没有深入到问题的根本，导致其解决生态问题和消费异化的理论建设流于空泛，不能在实践层面上得到所期待的回应。

四、西方绿色思潮的生态保护立场

1962 年，蕾切尔·卡逊（Rachel Carson）出版《寂静的春天》"为人类用现代科技手段破坏自己的生存环境发出了第一声警报"[①]。1972 年，罗马俱乐部出版《增长的极限》，表明人类社会发展与自然环境之间的不平衡状态，呼吁人们关注生态问题并提出了经济"零增长"方案，建议以限制经济增长的方式缓解生态问题。1983 年世界环境和发展委员会（WCED）向联合国提交《我们共同的未来》，这是第一个关于可持续发展的国际性宣言。此前人们重视发展生产力、协调社会各阶层公平正义为议题的社会发展模式中，生态危机已经成为新的重要议题，掀起人类社会对生态问题的广泛关注与讨论。

西方生态环保主义运动发展最早可以追溯到 20 世纪中叶，为了扩大影响力，环保运动趋向于逐步向经济、政治、文化等多维度扩展。大体可划分为左翼和右翼两种。所谓右翼思潮，站在资本主义制度的立场上，为维护资本主义统治阶级的利益，以民主政治等方式，最大限度地推行生态环境的保护与治理活动。由于右翼思潮能够得到资本主义的支持，因此是西方环保运动的主流。左翼思潮则相反，跳出资本主义制度，将生态问题的出现归结于资本主义制度和现代工业的扩张。

一般来说，学界按照西方生态思潮理论的价值立场和革命属性划分为"深绿""浅绿"和"红绿"。"深绿"和"浅绿"成员大多为生态学家和资本主义经济学家，他们致力于在维持现存资本主义制度和生产方式的前提下，以价值观变革作为解决生态危机的手段，建立生态资本主义。区别在于，二者重建价值观的标准不同。"深绿"思潮将保护范围扩大到整个生物圈，认为人类与非人类具有相同的内在价值，理应处于平等的地位，造成了内在价值的泛化。"浅绿"思潮信奉现代人类中心主义肯定人类的中心地位，从人类自身发展方式角度进行反思。"红绿"分析生态问题采用了历史唯物主义的方法，从制度层面为生态问题寻找源头。变革价值观无法触及生态问题的根本，因此并不能根除生态危机。"红绿"思潮将生态问题与社会制度联系在一起，并在此思想基础上逐渐形成生态学马克思主义和有机马克思主义。

"深绿"思潮受生态学的影响较为深刻，以生态学角度看待人在自然界中的地位。他们认为，人类是生物圈中的一个环节，所有生物圈内的生物体之间应处于平等的地位。由于人类对自身价值的认同感过高，相应地忽视了非人类生物体的权利与价值。"深绿"主张保护的范围由动物扩展到非人类存在物，在理论主张上呈现最初的主张动物解放、动物权利发展到后来的生态中心论，其理论局限在于以下几点。

第一，具有后现代主义哲学思潮的特点。将生态学领域的规律移用到社会科学领域，他们认为人类作为生态圈中的普通一员，应当与生态圈中的其他群体处于平等的地位，享有平等的权利。如阿伦·奈斯提出生物圈平等主义，"生存和繁荣的平等权利是一种直觉上清楚明白的价值公理，将其局限于人类是一种人类中心主义的偏见，对人类自身的生活质量也会产生不利的影响。"① 实际上，人是区别于其他生物体的存在物，不可能真正意义上达成与其他物种的平等。"深绿思潮"秉持的观点意味着为了非感知实体的利益要牺牲人类的利益，意味着人与自然关系中的人的不自由，实际上否定了人类自身的价值和意义。

第二，对生态危机原因的抽象化理解。"深绿"思潮认为生态危机是扭曲的价值观所造成的，却忽视了生态问题的社会背景。单纯将生态问题视为价值观问题并希望通过重建价值观解决生态危机的做法是片面的、抽象的。人类的实践活动主要决定于人类所处的社会生产方式和社会制度，人与自然关系只能在有限程度上受到价值观的影响。"深绿"思潮本末倒置的做法恰恰忽视并弱化了资本主义社会制度在生态问题中的作用，为资本主义国家开脱。马克思认为资本主义不仅生产劳动产品，同时也在生产贫困。"深绿"思潮理论中并不涉及资本主义对生态环境造成的负担，只是从价值观层面认识问题、解决问题。实际上，社会制度决定人的实践活动方式，人与自然之间的对立状态决定社会政治制度和经济发展模式。

深绿思潮对现代生态问题的分析不够深入，对生态问题的解决缺乏现实向度。生态问题的困境在于，无法调和不同利益集团之间的利益纠纷。生态问题是由人类对自然资源的不合理消耗造成的，由于生态问题的特殊性，生态问题的预防和治理需要群体性的共同决策和集体参与才有可能减缓生态问题的恶化态势。因此，围绕生

---

① 奎纳尔·希尔贝克. 跨越边界的哲学：挪威哲学文集 [M]. 童世骏，等译. 杭州：浙江人民出版社，1999：58.

态问题的国际性协作中，如何协调各方利益纠纷才是导致环境保护活动减小甚微的现实原因。首先，对于生态环境而言，人类社会的工业化进程伴随着对生态环境的破坏，造成了累积性的影响。实际上，不同国家和不同地区的发展有着时间线上的不同。发达国家发展工业的最长历时已经近 200 年，而发展中国家的工业只不过在近几十年取得了一定的成果，因此在发达国家和发展中国家应当为环境污染分别承担不同程度的责任。其次，发展中国家处于特定的发展阶段，科技、生产力水平比照发达国家存在差距，导致发展中国家在现阶段的经济发展不得不更多地依赖粗放式生产。最后，发达国家利用自身优势，将污染较重的项目移至发展中国家，实质上是另外一种殖民方式。

第三，机械地看待人与自然的关系。"深绿"思潮批评以人类为绝对中心的价值取向，主张将自然及非人类存在物置于与人类平等的地位，但是他们仍然用机械的、对立的视角看待人与自然之间的关系。以"深绿"思潮的逻辑进路，为了保护生态环境，则必须放缓、停止人类技术和社会的发展，他们保护环境的设想是以牺牲人类利益为代价的。实际上，人类与自然是一个有机的整体，"深绿"思潮将人与自然看作相互对立的矛盾体，割裂了人与自然之间的联系。

"浅绿"是较"深绿"思潮而言更为温和的绿色理论。"浅绿"思潮并没有将矛头指向人类中心主义的价值观，而是倾向于对近代自然观、技术应用及人口增长等方面的"自省"。他们认为人类围绕自身的生存和发展，从事实践活动无可厚非，反对"深绿"将人类与非人类存在物"一视同仁"的做法。首先，生态问题的产生在于近代以来形成的将自然视为对象物的观点。自然失去了原始社会中的神性，人类将自然视为可开采资源的集合。机械的自然观导致人类在开发自然资源的过程中失去了限制，对自然"予取予求"。其次，"具有急剧影响的生产技术已经取代了那些毁灭性较小的技术"①，资本主义社会表现为高效率、高利润的生产模式，因此技术的开发和使用中较少考虑对环境的影响和后果，技术的这种应用方式无疑会引发生态问题。如蕾切尔·卡逊揭露了杀虫剂等化学产品的应用对生态环境造成的恶劣影响。高浓度的化学废品和残留物无法在自然环境中被完全降解，将破坏生态平衡，引起一系列生态问题。最后，马尔塞斯主义被认可，他们认为人口的较快增长意味着对自然环境带来更大的消耗，因此有必要限制人口增长，减少人口对资源的消耗程度。

针对"浅绿"思潮对生态危机原因的分析，他们认为可以在资本主义制度内部，通过政策性调整解决生态危机。"浅绿"思潮的进步意义在于，合理地看待人类中心主义与生态中心主义的差别，将生态问题归结于近代以来的极端人类中心主义立场，反对任意开采自然的无限制行为。但是缺乏对生态危机问题的社会制度维度的反思，因此没有看到资本主义制度下人与自然的对立矛盾。

虽然"以生态中心主义哲学价值观为核心的'深绿'运动""以经济技术手段革新为核心的'浅绿'运动"② 各自理论存在局限，但是西方绿色思潮唤起了人们对生态问题的关注，使生态问题成为关乎人类生存发展的重要议题。

---

① 巴里·康芒纳. 封闭的循环：自然、人和技术［M］. 侯文蕙，译. 长春：吉林人民出版社，1997：140.
② 郇庆治. 21 世纪以来的西方生态资本主义理论［J］. 马克思主义与现实，2013（02）：108-128.

第三章

生态学马克思主义主要代表人物的价值观

生态学马克思主义的发展已经历经半个多世纪，产生了一些优秀且具有启发性的理论，生态学马克思主义理论能够体现出作者的价值观。梳理生态学马克思主义代表人物的思想是厘清其价值观的一条路径。

第一节　本·阿格尔的生态价值观思想

20世纪六七十年代以来，阿格尔继承了法兰克福学派传统，沿袭批判的理论基调，坚持跨学科的研究取向。《西方马克思主义概论》一书是生态学马克思主义理论里程碑式的存在，阿格尔明确提出"生态学马克思主义"概念。生态学马克思主义与异化消费批判理论相结合，使得对生态问题的反思上升到了制度批判的高度。

一、对异化消费价值观的批判

阿格尔认为，时代的变化使马克思对资本主义生产危机理论发生了偏差，"今天，危机的趋势已转移到消费领域，即生态危机取代了经济危机。"①

首先，阿格尔将生态危机视为由人的需求异化而产生的问题。与亚洲等第三国家和发展中国家不同，对于美国、欧洲这些发达国家而言，早已经通过生产力的发展和两百多年工业化的进程解决了生存发展的问题，对于一部分国民来说，生活已经达到了远远超过温饱线的地步。资本的发展由自由竞争进入到垄断，跨国企业的形成使全球化逐渐由蓝图变为现实；马克思认为经济危机可以酝酿出创造新社会制度所需要的自我解放力量。然而，事实上资产阶级通过鼓励无产阶级消费以补偿在劳动活动中劳动者的异化状态，因此阿格尔提出将需求作为一个重要维度引入生态危机理论。资本主义制度下的生产活动追求财富的积累，"在这种情况下，人与自然的正常关系也被破坏了。"② 因此，应当关注资本主义生产方式下的生产与消费，从被异化了的生产方式出发修复人与自然关系。

第二，处于异化中的消费行为作为资本主义经济方式无限增长的一种外在表现，必然与有限的地球生态资源形成矛盾。生态危机无法避免，过量的消耗资源将对自然造成无可挽回的影响，最终使

① 本·阿格尔. 西方马克思主义概论［M］. 慎之，等译. 北京：中国人民大学出版社，1991：486.
② 岩佐茂. 环境的思想［M］. 韩立新，等译. 北京：中央编译出版社，2006：204.

人类丧失生存的可能性。异化消费的问题在于制造、诱惑人们进行"需要"之外的消费活动，这种消费活动从动机上是为了缓解资本主义经济制度的潜在危机，从结果上看给生态环境造成了沉重的负担。阿格尔认为"资本主义由于不能为了向人们提供缓解其异化所需要的无穷无尽的商品而维持其现存工业增长速度，因而将触发这一危机。"① 在资本主义制度下提倡的任何经济改革和新能源技术开发无法触及根本，因此不会从根本上解决其制度本性所蕴含的生态危机。

　　阿格尔与马克思的观点呈现出一致性，实际上马克思所提出的"商品拜物教"即为资本主义制度下所产生的一种异化现象。商品形式"把人们本身劳动的社会性质反映成劳动产品本身的物的性质"②，社会性的劳动转化为商品的物性，因此人与人之间的社会性联系被异化为物与物之间的联系。这种关系并不受到劳动者的掌握，人们反而被物所支配，陷入了对商品的崇拜。阿格尔指出，人们在资本主义制度下，意识形态呈现被扭曲的状态。劳动活动非但不能表达劳动者的意图，反而受到资本主义制度的操纵，起到麻痹劳动者的作用。异化的消费活动是阻碍人们实现自由和创造性活动的绊脚石。

二、劳动—闲暇二元论

　　阿格尔的理论存在着追溯资本主义社会中商品的生产环节和产

① 本·阿格尔. 西方马克思主义概论［M］. 慎之，等译. 北京：中国人民大学出版社，1991：486.
② 中共中央马克思恩格斯列宁斯大林著作编译局. 马克思恩格斯全集（第二十三卷）［M］. 北京：人民出版社，1972：88.

品消费下沿两个方向，于生产过程而言，资本主义以物的丰盛为生产目标，而更多商品的生产建立在对自然原料开采的基础上，这势必加重对自然环境的破坏；于消费环节而言，异化劳动对劳动者来说是沉重的、长期的伤害，人们无法从劳动过程中获得幸福感，只能依赖于消费活动，以消费活动作为表达本质、释放自己的目的。异化消费的价值观是现代社会中一种新的支配人的方式，即劳动—闲暇二元论。

资本主义制度本质上通过占有生产资料而强迫无产阶级用劳动换取满足最低生活标准的工资而实现的。作为直接生产劳动产品的无产阶级只能为了生存而不断地出卖自己的劳动力，这是经典马克思主义的核心观点，也是被学界所普遍承认的理论。资产阶级对无产阶级造成的压迫是多方面的，包括剥削剩余价值，提供仅供基本生活的工资；对人的本质的剥离，使无产阶级在重复性的劳动中丧失自我；幸福感的丧失等等。当无产阶级对自身所处境地感到不堪重负，将发动无产阶级对资产阶级的革命，以实现从根本上改变自身现状的目标。阿格尔认为从马克思逻辑推导的无产阶级革命到无产阶级革命的实现中间缺乏勾连环节。

正如马克思所理解的，由于利润率下降引起经济危机，无产阶级将受到最广泛且严重的影响，加重无产阶级生活的贫困状态，使得生活无以为继，最终发动革命。阿格尔认同马克思的理论，他认为当阶级压迫严重到工人阶级无法忍受的程度，人们将自觉地寻找解放的路径，从工人阶级的实践活动中看到了革命的未来。阿格尔认为马克思过高地估计了经济危机的趋势。革命的实践取决于无产阶级的意志和资产阶级的压迫这两个方面。特别是资产阶级作为资本主义制度下的最大利益群体，必然维护本阶级的统治地位，因此无产阶级的革命意志才是进行革命的关键所在。

在阿格尔看来，马克思所认可的经济危机可以创造新的社会所需要的自我解放的力量，缺乏对需求的深入理解，法兰克福学派也没有关于能重新评估人的需求的新的危机理论。资本主义生产制度下，作为劳动者的无产阶级始终处于异化了的劳动活动中，并且自身也处于异化的状态。长此以往，这种异化的状态会对主体的身体和精神造成沉重的负担，即使在生活条件已经大幅度改善的前提下，对精神的摧残和支配也是显著存在的。阿格尔明确指出："异化消费是指人们为补偿自己那种单调乏味的、非创造性的且常常是报酬不足的劳动而致力于获得商品的一种现象。"① 工人阶级长期进行枯燥的异化劳动，处于被剥离了幸福感的活动中并不得不以此维持生计，工人阶级通过消费行为获得满足感。阿格尔认为发达工业社会中的市场行为具有以下两个特征。其一，广告介入了商品消费缓解，改变了原本的商品与需求直接而简单的关系，在广告的诱惑下，消费者产生了对商品的欲望；其二，资本主义社会中的人是片面的人。劳动的异化使人在脱离劳动、进行动物性的活动中才能感受到自由。劳动产品包含着人的类本质，资本家对劳动产品的占有就是将人的部分本质从人的身体中剥离。这样一来，资本是人与自然界之间的中介物，人与自然都从属于资本，变为属物的世界。原本自由"人"必须听从资本家的支配由资本决定自己的行为。人们只能将消费作为实现自己本质的唯一方式。

---

① 本·阿格尔. 西方马克思主义概论［M］. 慎之，等译. 北京：中国人民大学出版社，1991：494.

　　首先，由于广告的原因，商品与需求之间的关系超出了马克思所处的年代。资本主义工业的发展带领人类社会进入了物质较为丰盛的时代，这意味着资产阶级对工人的剥削虽然依旧存在，但是对于工人阶级而言，能够在工业发达的背景下提高生活水平。广告在一定程度上以重复的方式制造新的需求，并建立起人们观点中与之相适应的一系列幸福联想。广告成为异化劳动和工人阶级之间的媒介，消解异化劳动对工人阶级造成的消极情绪。

　　其次，劳动—闲暇二元的分离还导致人自身的分离。人们被异化消费所操纵，以在消费活动中麻痹自己的方式作为从沉重的劳动中逃避痛苦的手段。作为自然界中的一员，人不可避免地受到自然规律的束缚，有如动物一样的基本生存需求。动物只能基于本能需求进行重复的活动，而人区别于动物的重要特征是能够不单纯地被本能活动所满足，而是从事创造性的活动赋予自身潜在的内容以创造性的外化活动形式。在马克思看来，理想中的人应该以自由、自觉地方式从事实践活动，也就是劳动。劳动本是反映人的本质的活动，通过劳动人的本质力量得以外化，人们能够在劳动中获得自我满足。相反，人们从消费活动获得满足感和自我确证。人们只有在闲暇时间才能感到自由，用消费活动作为表达自身创造性的途径，以消费活动满足自身的需求。

　　最后，劳动—闲暇二元的分离的异化消费加重了生产活动对生态环境的负担，引起生态危机。对于资产阶级而言，异化消费不仅能够达到消解工人阶级负面情绪，削弱革命意志的目的，还符合资本主义的生产方式，巩固资本主义制度。资产阶级以扭曲了的消费观操纵工人阶级的需求和欲望，创造了高消耗的生产和消费模式，避免生产过剩的危机。但是，生产活动必然建立在对自然资源应用和开采的基础上，集中、高效的生产方式必然给自然带来更大的损耗。因此阿格尔认为，即使资产阶级通过异化消费瓦解了工人阶级的革命意志，自然的有限承载力决定了生态环境将先于经济危机的到来而崩溃。

三、期望破灭了的辩证法

资本主义制度通过制造"虚假需求"，诱使劳动者产生购买需求，来获得物质上远超自己消费水平的消费品满足自己的主观感受。阿格尔认为，马克思重视生产领域，缺乏对消费领域的分析。特别是资本主义利用第一次世界大战和第二次世界大战的间隙，巩固了自身的发展成果——由自由经营的市场资本主义进入到垄断资本主义，缓解了生产力与劳动力之间的矛盾，工人阶级的生活状态等方面发生了相应的变化。阿格尔认为理应适应当代社会的变化，对马克思在消费领域的缺失进行延伸性的探索。针对资本主义制度当前的变化，阿格尔提出了"期望破灭的辩证法"。

"这种辩证法指的是这样一种情况：即在工业繁荣和物质相对丰裕的时期，本以为可以真的源源不断提供商品的情况发生了危机，而这不管愿意与否无疑将引起人们对满足方式从根本上重新进行评价。人们对发达工业社会可以源源不断提供商品的能力的期望破灭，最终会走向自己的对立面，即对人们在一个基本上不完全丰裕的世界上的满足前景进行正确的评价"①，工业发达的资本主义社会使人们沉浸在物质丰盛的场景中，自认为摆脱了生产力低下的社会时期中无产阶级饥寒交迫的生存状态。然而阿格尔认为，资本主义必须以高消费的形式维持系统运转。自然资源和承载力是有限的，而资本主义的本质属性与自然之间必然引发生态危机。自然环境的恶化直接对生产活动造成影响，生态危机最直接的影响之一就是造成生产活动的不稳定，即无法维持资本主义制度下的生产方式和消费方式。对于人们来说，此前的社会丰盛样态被打破，人们不得不走出被物质包围的生活模式。人们从迷梦中惊醒，以客观的视角审视此前的消费行为，摆脱虚假需求的支配，建立正确的需求。

人们不得不面对资源相对短缺的自然界客观状况，阿格尔认为旧的生活方式的改变和消费观的重建对于人们来说必然伴随着虚无感和手足无措。"期望破灭的辩证法"是动态的过程，有利于帮助人们重新看待自己的生活，促使人们走出异化消费。通过"期望破灭的辩证法"能够使辩证法与当下的具体社会情境相互结合，使马克思的辩证法重新绽放活力。

"期望破灭的辩证法"为生态危机的解决和资本主义制度变革制造了契机，阿格尔简单地将生态危机的出现看作异化消费和异化生产所导致的问题，因此希望通过终止生产领域和消费领域的异化状态来消除生态危机。海尔布伦纳认为用新的集权主义和全球专政的方式能够限制工业生产。阿格尔则恰恰相反，要求生产结构、政治

---

① 本·阿格尔. 西方马克思主义概论［M］. 慎之，等译. 北京：中国人民大学出版社，1991：491.

结构"结构分散化、非官僚化和社会主义化。"① 之所以提倡分散化而非集中化，原因在于阿格尔认为集中化只能进一步造成异化消费模式和价值观的散播，只有从现实生活中打破资本主义过度生产的循环，才有可能遏制浪费性过度生产的趋势。

阿格尔的这一主张在提出的初期引起了极大的反响，成为生态学马克思主义具有代表性的观点之一，但是由于其理论的内在缺陷，也受到了其他学者的质疑。革命理念依赖于主体的意识觉醒，对消费心理的变革产生过高的期待。阿格尔的变革逻辑缺乏真正的动力，无法达成消除生态危机的目的。同时，由于阿格尔回避了作为根本的资本主义制度，主要从社会生产等经济层面的改革，非但不能达到阿格尔预期消除异化消费的目的，甚至有可能造成生产的混乱，现实意义微乎其微。

第二节　奥康纳的生态价值观思想

詹姆斯·奥康纳是美国生态学马克思主义的重要代表人物之一，主要研究社会学、经济学和环境问题。奥康纳一直以来关注当代垄断资本主义发展及其内部的危机机制。奥康纳认为马克思主义理论的价值是不可估量的，因此奥康纳在历史唯物主义的立场上关注生态问题。对于学界否认马克思主义理论生态思想的观点，奥康纳给予反对，并指出马克思主义理论具有"潜在的生态学社会主义的理

---

① 本·阿格尔. 西方马克思主义概论［M］. 慎之，等译. 北京：中国人民大学出版社，1991：492.

论视域"①，并回应了马克思主义理论在当代存在"理论空场"的原因。奥康纳认为马克思的历史唯物主义提供了正确的方法论基础，提出对历史唯物主义的重构。奥康纳为劳动活动增加了自然和文化的维度，提出了资本主义的"双重危机"和"双重矛盾"理论，进行了"生态社会主义"设想。

一、劳动与自然、文化的有机结合

在马克思被质疑"合法化"的前提下，西方学界对马克思关于资本主义社会制度的论断产生怀疑，与此同时，马克思主义理论是否具有生态思想的内涵也备受质疑。奥康纳在多年研究基础上肯定了历史唯物主义理论结构中的生态意蕴，补充了自然和文化的维度，以期填补其理论缺陷。

奥康纳认为不能将自然界的历史与人类社会的发展史视为机械的对立关系，二者之间一直以来在相互影响。任何一种理论的产生都无法离开其所属的社会背景，马克思所处时代以无产阶级与资产阶级之间的斗争和压迫为主题，因此"历史唯物主义事实上只给自然系统保留了极少的理论空间，而把主要内容放在了人类系统上面。"② 奥康纳认为，在人类与自然界交往的诸多要素中，马克思更重视生产力的作用，与之相比，对生态环境的关注度较低。奥康纳认为，历史唯物主义理论中对劳动的理解是其理论的突出贡献之一。

---

① 詹姆斯·奥康纳. 自然的理由——生态学马克思主义研究 [M]. 唐正东，臧佩洪，译. 南京：南京大学出版社，2003：4.
② 同上：7.

马克思把劳动（奥康纳表述为"人类物质活动"）放在唯物史观的核心地位，将自然视为人类社会的一部分，奥康纳认为马克思将劳动视为自然与社会之间的"物质性的临界面"①，因此资本主义社会中的劳动活动具有双层含义。其一，人类通过劳动创造"人化自然"或在奥康纳表述为"第二自然"，自然界的存在形式发生了变化，比如城市的建立以及欧洲农作物在全球范围的传播和种植；其二，人类通过劳动在改造自然界的同时也改造人类自身的思维方式，不知不觉中人类在开发自然的过程中由对自然的崇拜转为对自然的支配，理念上以自然的主人自居。因此奥康纳将作为中介的劳动归纳为主观与客观的双向作用——主观上构建人类的精神世界并在此基础上影响人类的劳动过程对物质世界的影响；客观上对物质世界造成影响。因此人类的实践活动方式，包括生产、消费、分配缓解在内的环节能够决定人与自然之间的交互形式。

奥康纳认为文化和自然是劳动活动的应有特征。首先，劳动作为主体的"社会化了的人类物质生活"，必然在社会历史中形成一系列的规范和价值观念，在集体性的活动中固化为文化，体现为价值观、习俗等等。而文化则会反过来在物质实践过程中影响人的活动方式。因此劳动与文化之间互相联系、互相影响。其次，必须明确的一点是自然的现在性特征，人类社会的一切物质成果和精神的形成和发展都以自然为前提条件，自然为人类社会的发展提供基础保障。随着人类社会发展的不同阶段，自然在人类社会中发挥不同意义上的作用。资本内嵌于自然过程之中，改变着自然界的规律及可

---

① 詹姆斯·奥康纳. 自然的理由——生态学马克思主义研究［M］. 唐正东，臧佩洪，译. 南京：南京大学出版社，2003：7.

能的发展趋势，或者创造出此前不存在的样态。

奥康纳强调劳动活动在自然与文化中相互融合、相互作用的关系，认为马克思的历史唯物主义缺陷在于，缺乏自然能动作用的向度，而只将其视为被动的存在。过于重视生产力，特别是技术对自然和社会的积极作用，因此导致马克思的历史唯物主义理论被西方生态思潮批评为"具有技术决定论"的倾向。

奥康纳认为生态危机带来的不应只有针对当下资本主义制度的反思，应该将人类历史与自然界统一起来。生态问题贯穿于整个人类的发展史，生态危机的爆发是历史趋势下的必然现象，而不是资本主义发达工业社会情境下才会出现的问题。只不过生态问题作为一个折射点，反映出了人类活动及其组织方式的固有问题。奥康纳认为在社会性的劳动中弥补自然和文化的维度，有利于完善人类社会与自然界之间的物质交换方式和结构，依托于"劳动、自然、文化"一体的生态观建立人类社会与自然界统一的生态社会主义。

二、资本主义的"双重矛盾"和"双重危机"

奥康纳意识到在近代工业发展的历史背景下，人类利用自然资源获得了社会加速发展的"红利"，同时也付出了代价——对生态环境的污染。马克思受到时代条件的限制，将批判的重点放置于对当时的资本主义社会更激烈的矛盾上——阶级压迫、剥削和资本的运转机制，相比较之下，对"自然"的关注显然分散，不过这并不代表马克思不重视自然这一要素。奥康纳认为马克思主义理论在生态领域为后人留下了"朴素的遗产"，有待后人去挖掘和补充。奥康纳坚持，资本主义制度对生态环境、对主体"人"的破坏作用这一观点是蕴含在马克思主义理论体系之中的，历史唯物主义理论的原则同样适用于分析现今资本主义所引起的生态问题，基于这样的理论立场，奥康纳提出了资本主义社会中的生态危机理论。

马克思认为生产条件具有三种类型："第一种是'外在的物质条件'，或者说是进入到不变资本与可变资本之中的自然要素。第二种是'生产的个人条件'，它指的是劳动者的'劳动力'。第三种是马克思所说的'社会生产的公共的、一般性的条件'，譬如'运输工具'"①。马克思没有具体论述生产条件对资本主义的影响，马克思更多地在阶级对立的语境下关注无产阶级的境况，在地租理论中体现出对自然要素的讨论，对于第三种生产条件奥康纳认为在马克思的理论中基本是空白。奥康纳对此的解释是，在资本主义早期发展阶段，生产条件表现为丰富、充裕的特征，生态危机处于潜在性阶段并没有完全暴露出来。但是当下社会已经进入资本主义发展较为成熟的阶段，资本主义制度对生产条件的不断消耗导致生产条件的问题已经完全暴露了出来。

奥康纳以生产条件为核心统合了生态学和传统历史唯物主义理论。在资本主义制度下，自然不仅被视为纯粹的客体，还是虚拟的商品。奥康纳提出，土地理应属于自然资源，并不是被人类生产出来的商品，但是资本主义以圈地运动开启了原始资本积累阶段，并且当下以土地私有化为基础的土地买卖依然是资本主义运行的一种形式。资本主义的生产大多建立在能源消耗的基础上。矿物燃料这

---

① 詹姆斯·奥康纳. 自然的理由——生态学马克思主义研究［M］. 唐正东，臧佩洪，译. 南京：南京大学出版社，2003：257.

类不可再生资源是促进劳动生产率、利润及工资发展的最重要因素。当不可再生资源消耗殆尽，将导致资本主义生产对可再生资源的非可持续性利用，将导致可再生资源变为不可再生资源，资本对自然资源的消耗和整个生态系统的破坏制约资本主义的扩大再生产。

资本主义既把自然当作水龙头，当作污水池的行为模式，这说明自然仅仅是资本的出发点，而不是其归宿。资本主义制度下的生产活动只考虑如何用最可能快速的方式累积财富，之于生产活动的因果序列将会造成怎样一系列的影响，这并不在资本的考虑范围之内。水龙头和污水池代表资本主义生产方式对自然所造成的两种类型的损害，把自然当作水龙头意味着将自然资源资本化，视为私有财产，只具有物性。

奥康纳认为，马克思主义理论揭示了资本主义制度下的第一层矛盾——生产力与生产关系的矛盾以及由此矛盾产生的经济危机。由于马克思的历史唯物主义理论中缺失自然和文化的维度，"低估了资本主义生产方式以来资源枯竭和自然退化的程度"①。奥康纳认为"第一重矛盾"实际上都在围绕资本主义生产中的交换价值，使用价值在资本主义制度中的重要性远远比不上交换价值，因此马克思的批判理论也较少涉及这个概念。奥康纳提出重新衡量使用价值和交换价值的概念，至少用平等的视角看待二者，就能发现资本主义的第二重矛盾。关注使用价值不仅具有捍卫劳动能力、自然界以及城市生活条件的作用，同时意味着认知中还原了真实的人，这也是当下环保运动通常与女权主义、职业健康安全等新社会运动结合在一

---

① 詹姆斯·奥康纳. 自然的理由——生态学马克思主义研究［M］. 唐正东，臧佩洪，译. 南京：南京大学出版社，2003：198.

起的原因。

奥康纳认为双重矛盾之间互相作用，第二种危机是对资本主义第一矛盾所缺失的自然和文化维度的补充。奥康纳认为资本主义的双重矛盾是其制度的内在固有矛盾，都会对资本运行的目的造成影响。畸形的资本主义生产力和生产关系会加重对自然环境的影响，而自然作为资本活动的起点直接参与到经济活动中，对利润的获取产生影响，成为不能跳出的恶性循环。

由资本主义的双重矛盾也就能够推导出双重危机，即经济危机与生态危机。奥康纳认为，资本主义的经济危机随着资本主义的全球化扩张表现出了经济危机全球化的特点，表现为"流动性的危机（生态危机）、金融危机或者金融崩溃、国家财政危机以及其他相关的社会和政治危机。"① 而生态危机包括资本逻辑造成的生态危机和作为经济危机连锁反应的生态危机这两种。

奥康纳提出，当下资本主义获取利润的方式与马克思的时代相比已经发生了变化，资本家追求相对剩余价值。资本主义下的系统运转是高速的，但是自然有限的资源、有限的承载力和新陈代谢能力都决定了无法与资本高速生产保持一致，自然的崩溃是一种必然现象。此外，经济危机将导致一系列的社会问题，资产阶级将尽可能节约成本，加重无产阶级的负担。奥康纳认为生态危机和经济危机同处于人类社会结构中，对人类社会造成内置和外延结构的双重影响：就其内在的方面而言，加重人与人之间的异化状态；就其外在方面而言，加重人与自然之间的分裂。

---

① 詹姆斯·奥康纳. 自然的理由——生态学马克思主义研究［M］. 唐正东，臧佩洪，译. 南京：南京大学出版社，2003：261.

三、构建生态社会主义

奥康纳揭示了资本主义制度下的双重矛盾和双重危机，以此为理论依据，指出重构生产力和生产关系，"这种重构是对人类本身与包括社会环境在内的生产条件之间的关系的重构"①。奥康纳在考察过三种社会形态后，得出结论：无论是资本主义国家抑或是社会主义国家，生态危机都是在国家发展的过程中不能回避的问题。只有生态社会主义才能解决生态危机，因此必须进行社会制度的改革。

部分学者认为，在生态危机这一问题上，与资本主义制度相比，社会主义更具有解决的可能性。区别于国家体制的不同，社会主义国家作为社会形态的升级，能够解决生态问题。奥康纳的理论中不乏现实维度，他的生态社会主义理论显然受到了现实环境中的生态保护运动和社会主义运动的影响，他认为这些运动已经孕育出了生态社会主义的可能性。随着生态问题的逐步恶化，人类环保意识的集体性增强，以生态危机为契机对资本主义制度的思考，在学界乃至政治界的影响都在不断扩大。如果说，资本主义制度所造成的生态问题从前只是思维领域的推测，那么现如今资本主义制度在现实层面正在受到各种绿色政党和生态活动组织的对抗。

奥康纳对社会主义社会形态表达出的肯定并不意味着否定了资本主义完成生态革命的可能，只是社会主义与生态学之间之所以有更大的结合可能在于二者能够弥补彼此的不足。生态学认为应该尽

---

① 詹姆斯·奥康纳. 自然的理由——生态学马克思主义研究 [M]. 唐正东，臧佩洪，译. 南京：南京大学出版社，2003：272.

可能地保护生态系统的完整，维持生物的多样化，因此反对资本增殖逻辑对自然的不限制开发使用，反对大规模的计划性生产活动。而社会主义理论上的发展逻辑与生态学的许多观点表现出一致性，社会主义是对资本主义生产逻辑的颠覆和变革，生产活动不再以利润为目的，强调公平正义的交往。但是，现实情况是社会主义国家同样面临着生态危机的问题，其原因是历史唯物主义在自然和文化两个维度上的空白。由于马克思处于资本主义发展的早期阶段，政治和经济矛盾最为突出，因此更加关注资本主义的经济活动和政治制度，"根本还没有特殊的资本主义文化和自然可以成为其理论对象"①。

奥康纳认为，"生态学社会主义是指一种在生态上合理而敏感的社会，这种社会以对生产手段和对象、信息等等的民主控制为基础，并以高度的社会经济平等、和睦以及社会公正为特征，在这个社会中，土地和劳动力被非商品化了，而且交换价值是从属于使用价值的。"② 生态社会主义必须具备全球化以及政治、生态多维结合的特征。生态问题本身即是在全球范围内发生的，很难对生态问题的范围进行限定，比如酸雨、沙漠化、全球变暖等等。期望地方性的活动改善全球化的生态问题是不可能实现的，这也就决定了生态社会主义必须依赖地区之间、国家之间的协同合作。

---

① 詹姆斯·奥康纳. 自然的理由——生态学马克思主义研究 [M]. 唐正东，臧佩洪，译. 南京：南京大学出版社，2003：459.

② 同上：439.

第三节　福斯特的生态价值观思想

福斯特是当今国际学术界上最活跃、最具影响力的生态学马克思主义学者，由于福斯特的思想系统性较高，成为当下最具影响力的生态学马克思主义学者之一。剖析福斯特的价值观内容有利于更深入的把握生态学马克思主义价值观。就生态学思想而言，马克思主义理论在相当长的一段时间内受到西方学者和生态学马克思主义部分学者的质疑和否定。他们认为马克思对技术持乐观态度，因此将马克思视为"普罗米修斯主义"，其理论也不具有生态的思想内容。福斯特肯定了马克思主义思想中的生态属性，并认为恰恰是历史唯物主义立场证明了马克思生态思想的在场，为解决生态危机提供启示。

一、对马克思新陈代谢断裂理论的阐释

福斯特认为，"马克思的生态世界观，马克思对资本主义的全部生态批判都是建立在'新陈代谢断裂'这一概念之上的。"① "新陈代谢"这一概念最初由德国化学家李比希提出来，这一概念抓住了有机物在生长环境中，吸收能量并将其转换为自身可用营养物质的过程。李比希认为在传统农业发展背景下，农作物的生产与回收都

---

① 陈学明. 谁是罪魁祸首——追寻生态危机的根源［M］. 北京：人民出版社，2012：47.

在本地小范围内进行，不会发生大规模的物质交换活动，因此宏观角度上，土壤的肥力与农作物生长的必要物质以"新陈代谢"的方式循环往复。第二次农业革命以后农业走向工业化，农作物以批量的形式被输送到城市中，以维持城市的系统运转。这使得原本可以回归到土壤中的必要营养元素被排泄到城市的下水道中，造成土壤肥力的流失和再生产能力的下降。李比希以新陈代谢的断裂来说明资本主义工业化农业与生态环境之间的矛盾。

福斯特认为马克思从这一自然科学领域的概念得到了启发，然后赋予"新陈代谢"这一概念更丰富的意义，是对马克思早期异化思想的深化。马克思通过揭示大工业和大农业的共同作用使土地和工人变得枯竭和贫困。在福斯特看来，马克思的新陈代谢断裂描述了资本主义对自然环境和社会生活两个领域的割裂。首先，马克思在早期著作中明确提出了人与自然关系中自然的先在性问题，承认自然是人类存在的前提条件，体现了马克思的唯物主义自然观思想。马克思一直以来的研究都注重客观规律性和科学性，李比希提出的"新陈代谢"断裂说明了在自然环境中，资本主义的生产方式对土地造成的新陈代谢的伤害和城市与农村之间的断裂。自然界中的规律具有客观性，不以人的主观意志为转移，因此要在了解规律的前提下尊重规律、顺从规律、应用规律，而不是与之对抗。其次，福斯特指出了马克思在人类与自然物质交换的语义上使用新陈代谢这个概念。通过感性活动也就是劳动，人与自然之间建立了沟通的机制，自然界与人类之间的物质变换活动以人类作为主体，表现出人的本质。"劳动首先是人和自然之间的过程，是人以自身活动来引起、调整和控制人和自然之间的新陈代谢的过程。"①

　　马克思不仅在自然环境方面认可新陈代谢的概念，并且将这个自然科学领域的概念应用到了"社会生态关系之中"②。福斯特认为马克思是在为了揭示人类劳动和环境之间关系的意义上用这个概念。福斯特认为，"新陈代谢"的概念为马克思在《1844 年经济学哲学手稿》中表述的自然异化概念提供了更为具体化的表达方式，并且表达了资本主义社会整个的异化状态。

　　因此，在福斯特看来，"物质变换概念为马克思提供了一个具体的方式来表达自然异化观（及其同劳动异化的关系），而这个观念从马克思的最早著作开始就一直是他批判的重心。"③ 资本对效用和利润的追求导致了生产活动都要以最高效的形式运转。马克思关注人与土地间新陈代谢过程中的裂缝，福斯特在总结马克思的文本后得出结论，正是因为资本主义制度下的生产活动超过了自然既定的客观承受能力和恢复能力而造成了新陈代谢的断裂，这实质上是自然和社会关系异化造成的结果，即生态危机。

二、对资本主义的批判

　　福斯特不仅考察马克思关于资本主义与生态之间的固有矛盾，并且结合当今世界资本主义发展大量论述了资本主义内在逻辑对生态的破坏以及资本主义保护环境的形式化举措。

---

①　中共中央马克思恩格斯列宁斯大林著作编译局. 马克思恩格斯全集（第二十三卷）[M]. 北京：人民出版社，1956：201.

②　FOSTER J. The Ecology of Destruction [J] Monthly Review, 2007 (2)：10.

③　FOSTER J. Marx's Ecology [M]. New York：Monthly Review Press, 2000.

马克思的生态思想包含对资本主义制度批判维度，福斯特基本上承袭了马克思的观点。福斯特考察了马克思对资本主义反生态性质的揭露。早期马克思认为资本主义下的异化劳动造成了自然的异化，希望通过建立共产主义扬弃私有制来消除异化劳动对自然造成的消极影响。福斯特认为，马克思在《共产党宣言》中强调"城乡对立是资产阶级文明异化本质的一个主要表现"①，揭露了城乡分离后的无产阶级和农民恶劣的生存环境，包括生态环境在内。马克思在《资本论》中提出的"新陈代谢断裂"概念揭示了资本主义对生态环境和社会关系的破坏，"资本主义积累的逻辑无情地制造了社会与自然之间的新陈代谢的断层，切断了自然资源再生产的基本进程。"②

资本主义内在逻辑趋向于无限制的追求利润。马克思认为，自然极限的问题是一个需要在社会制度下全面思考的问题。但是在资本主义无限逐利的本性面前，必然与自然有限的资源、承载力和恢复力形成无法调和的矛盾。福斯特还指出，伴随资本主义逐利过程中出现的是资本家投资的短期高效回报率。"资本按其本性需要在可预见的将来收回投资，再加上需要把握的利润为投资风险提供保证，更需要所意向的投资比其他投资机会赚更多的钱。"③

福斯特考察了主流环境经济学家中存在的"经济非物质化"观点，他们承认资本主义社会的发展存在"失重"的趋势，提倡发达

① FOSTER J. Marx's Ecology [M]. New York ：Monthly Review Press, 2000：137.
② FOSTER J. The Ecology of Destruction [J]. in Monthly Review, 2007, 2, Vol. 58, No. 9：9.
③ FOSTER J. Ecology Against Capitalism [J]. in Monthly Review, 2001, 10, Vol. 53, No. 5：2-3.

资本主义经济中通过提高能源效率和新经济增长，取代从前向环境倾倒废料而造成污染的发展方式。福斯特认为"经济非物质化"的观点意味着资本主义制度自身可以解决生态问题，他们认为环境污染的问题在于粗放式经济发展，只要更新开发新能源技术就能解决污染问题。但是福斯特认为富裕国家的人均排放废料大大增加，结合德国、美国、日本等发达国家的实际研究报告发现，实际上的非物质化并没有实现。福斯特认为资本主义制度下解决生态危机的方式不具有原则高度，以尽量规避"发展经济所造成的生态资源匮乏和不可逆转的生态环境恶化"，相对于体制上的问题，他们更倾向于从事制度上的改革和修正，对真正的问题——在有限的环境中实现无限扩张本身就是一个矛盾——视而不见。

福斯特认为资本主义社会自身解决生态危机大体可以归结为两种方式："环境资源商品化"和"自然资本化"。实际上是将自然中的一切纳入经济价值体系中，将环境解码为可以标价的商品，改变原本在资本主义制度下无视自然成本的做法。只要在经济活动中赋予自然资源和环境以价值就可以实现对污染的有效控制，自然作为商品能够得到保护。福斯特认为并不能通过"环境资源商品化"和"自然资本化"这种把自然资源作为商品纳入市场体系的做法解决生态危机。这种做法只能在小范围内、短期缓解生态问题，但是对资本主义不断扩张的生产方式而言，一是效果可能微不足道，二是最终这种政策会屈服于资本主义制度。福斯特认为这种把人与自然关系简化为商品经济的做法将会导致三个方面的问题。一，割裂了人与历史之间的联系。马克思认为资本主义制度将人与自然的关系异化成了人和对象物的关系，自然从人的自为力量中被分化了出去，导致人以一种看待外物的视角看待自然。资本主义将自然降格为商品，更加证实了马克思对资本主义批判理论的深刻性。二，否定了自然的内在价值。这是一种对价值观的扭曲行为，自然的内在价值不能用商品行为来衡量，一旦将自然视为可以消费的商品，那么自然的内在价值就被消解掉了。资本主义试图为自然标价的做法无疑是其意识形态下消费主义价值观盛行的表现。三，经济限制只能短时间内缓解生态问题，长远来看最终会加剧人与自然之间的矛盾，造成更严重的生态破坏。为自然界以及自然中存在定价的行为等同于变相鼓励用适当价格购买一定限度内的环境污染和生态破坏行为。经过预先的价格评估，那么自然资源、动植物生命都可以用价格来衡量。

马克思认为人与自然之间建立和谐关系并不是不可能实现的空想，而这其中最大的障碍就是资本主义制度，资本的本性就是反生态的。福斯特认可马克思的观点。马克思指出，人与自然之间的异化根源在于私有制，他分析了土地异化的过程，"它既意味着那些垄断的产从而也相应垄断了自然基本力量的人对土地的统治，也意味着土地和死的事物对大多数人的统治"①。价值成为资本主义制度中最普遍的度量标准，造成了人类在从事社会活动之前，以价值来衡量行动，对具体的活动进行规划。资本主义社会制度下的经济、制度等一切要素都受到资本的干预，真正有可能解决生态危机的技术手段和制度都如同一层滤网一样被筛掉了。

---

① FOSTER J. Marx's Ecology [M]. New York：Monthly Review Press，2000：74.

三、道德革命和生态革命

(一)道德革命

福斯特认为当今世界的生态危机从另一种角度理解也是价值危机——将市场价值视为高于其他一切价值而产生的危机①。针对当前社会中普遍存在的价值上的误读，福斯特提出进行道德革命，"以取代我们目前对待环境的不道德或至少是非道德的做法"②，道德革命的主体仅仅局限于个体或特定的群体，道德革命的对象是资本主义制度的高级不道德。

福斯特认为造成生态问题的根源在于资本主义制度，而非个体消费者或者全球性企业负责人，福斯特"高级不道德"的概念来自C. 赖特·米尔斯，意在表达社会结构的道德丧失，造成了个人在从事社会活动过程中受到的影响和限制。人类社会始终处于发展的状态，在社会发展中逐渐形成独特的文化、意识形态、道德标准。一般来说，我们将是否鼓励个体自由发展作为对现今社会形态的诸多必备要素质疑，例如马克思主义所设想的共产主义社会，就是希望人们能够得到自由而全面的发展，从资本主义制度的压迫中解放出来，终结人的异化状态。资本主义制度诞生之初具有强烈的革命性和先进性，它打破了封建社会制度下的生产关系。资本主义现今已

---

① 约翰·贝拉米·福斯特，丹尼斯·瑟龙，刘仁胜. 马克思主义生态学与资本主义 [J]. 当代世界与社会主义，2005（3）：155-158.
② 约翰·贝米拉·福斯特. 生态危机与资本主义 [M]. 耿建新，宋兴无，译. 上海：上海译文出版社，2006：80.

经进入相对成熟的状态，与此同时生产力与生产关系之间的矛盾也越来越突出。第一，资本家以占有无产阶级劳动成果为前提积累财富，实际上这种不平等的占有意味着剥夺了本属于无产阶级自身的自由和能力，使劳动阶级的发展受到了限制。第二，资本主义制度下经济的发展秉持着效用原则和利润原则，更倾向于短期的高利润回报，因此造成了生产活动中的"踏轮磨坊的生产方式"，投资商获得了短期的红利，其造成的生态危害的恶果却由未来的人类承担。

福斯特认为，社会个体需要为自己的行为负责，同时他承认个体在集体中的不自由选择。个体在社会活动中，会受到所处社会结构、制度的限制和诱导。马克思同样着眼于对资本主义剥削制度的揭露和批判，没有严厉的指责资本家个体的贪婪行为。福斯特认为生态危机是资本主义社会制度内在的固有缺陷，应该由社会制度而不是社会制度中的个体为生态危机负责。诚然，福斯特承认在普通民众价值观中，存在对自然的不道德，但是单纯的指责个体价值观或个体的环保行为是不具有原则高度的，价值观层面应该关注"我们这个社会中权力机构的'结构不道德'"①。以美国为例，现代性全面渗透到了美国社会中，金钱成为衡量成功最重要的标志，集体中的个体自然会受到"高级不道德"的支配。

福斯特认为出于对自然界非人类生物体的同情和对后代生存空间的焦虑，人们倾向于对生态环境利用问题的理性思考。福斯特将生态系统与生态文化之间的关系分为三种：早期部落以狩猎直接从自然获取生活资料的"生态系统文化"，奴隶制社会和封建社会形成

---

① Foster J. Ecology Against Capitalism [M]. NewYork：Monthly Review Press，2002：46.

的对自然的掠夺式"生物圈文化",资本主义制度以来形成的全球范围内破坏生物生存环境的"帝国主义文化"。福斯特提倡建立新的"土地伦理",取消人与土地之间的经济关系,建立人与土地之间以及人与土地上生存的非人类生物体的伦理关系。

福斯特与绿色环保运动者不同之处在于,他对生态改革的认识更为全面,不能完全将解决生态危机的期望寄托于道德和价值观上的改革。"这种道德改革的呼吁对我们社会的新体制,即所谓全球'踏轮磨坊的生产方式'常常视而不见。"① 如果寄希望于"将生态价值与文化融为一体的道德革命",把生态危机的解决建立在全体人类价值观的改革上是不可行的。

生态危机是爆发于全球范围内的问题,并不是单独的、具体的影响到某一国家或某一地区,按照传统历史唯物主义的观点,价值观、道德同样属于人的意识形态领域,意识层面的能动性十分有限。因此,对资本主义制度追责才是讨论生态危机成因的应有向度。

福斯特得出无法期望资本主义社会制度的调整型改革解决生态危机的结论,资本主义以私有制为基础,从资本的原始积累发展到后工业社会中的异化消费全程伴随着对自然的无止境剥削,造成了自然与社会之间新陈代谢的断裂。福斯特认为资本主义社会制度下的新陈代谢断裂造成了自然与社会乃至人类社会即人与人之间的异化状态。因此,消除异化是解决生态危机的必经之路。在马克思主义的理论中,共产主义的完成旨在消除人类内部的不平等,从福斯特的理论表述中能够看出对马克思的附和之意。

---

① Foster J. Ecology Against Capitalism [M]. NewYork:Monthly Review Press, 2002:44.

　　福斯特对生态危机的理解包含这制度批判和价值观批判两个维度，因此他认为生态危机的解决有赖于道德革命和社会制度的革命，建立拥有新型生态道德的社会制度。以生态社会主义为理想，"不是追逐利润而是满足人民的真正需要和社会生态可持续发展的要求"①。结合工人运动与环保运动，实现生态转化战略；加强国家高层之间的协作，削弱国家与资本之间的联合。

第四节　高兹的生态价值观思想

　　高兹把存在主义的马克思主义与生态运动和后工业社会理论结合起来，以人的解放、自由作为最终目标，以对经济理性的批判作为切入点，批判资本主义制度的反生态本性。发掘社会主义制度的先进性与必然性，把生态问题与政治问题联合在一起。高兹提倡生态领域的问题采用以政治行动限制或消灭资本主义制度是唯一的解决办法，否则只会陷入理论上的空想。

一、资本主义的反生态性

　　承接马克思关于劳动分工的看法，高兹认为资本主义的劳动分工是一切异化的根源。马克思认为随着生产力发展，分工的出现是一种必然并且分工导致了阶级的出现。特别在资本主义社会制度中

---

　　① 约翰·贝米拉·福斯特. 生态危机与资本主义 ［M］. 耿建新，宋兴无，译. 上海：上海译文出版社，2006：96.

"物质生产过程的智力作为他人的财产和统治公认的力量同工人相对立"①。高兹认为精神和物质分工在现代社会的精细化分工趋势中，作为劳动者的无产阶级越来越表现出作为主体地位的下降，异化活动的影响不仅仅在劳动范围内，更渗透到了政治、经济、文化、日常生活中。

高兹认为资本主义制度作为一种剥削制度，以维护资本家的利益为宗旨，利润最大化为追求。以经济利益为追求的活动行为必然与生态系统之间产生矛盾，高兹认为生产就是破坏，因此得出资本主义制度具有反生态性的结论，而这种制度内在缺陷导致的生态危机又加剧了其他方面危机的严重程度。高兹认为生态危机正是经济体制下高速增长政策导致的必然结果，"危机的原因是这样深刻地设计生产体制的结构，生产体制的消灭依赖于重建这种体制"②。资本主义制度自身就包含了产生经济危机的条件。其次，高兹认为资本主义制度下存在着受经济理性控制的组织化生产方式，导致了社会活动的二元化分层。将社会人口分裂为两部分，一部分为高生产性的、先进的生产机构和服务机构（运输、交通、分配）；另一部分为低生产性的职业（个人护理、服务业、休闲产业等），在政治、意识形态上明显次于第一部分。在技术革命的背景下，实现了消耗更少的资本和劳动以生产大量商品的社会图景，加重了资本主义制度下人与人之间的不平等，使劳动活动和社会生活的各个方面都发生异化。

---

① 卡尔·马克思. 资本论（第一卷）［M］. 北京：人民出版社，2004：418.
② GORZ A. Paths to Paradise：On the Liberation from Work ［M］. London：Pluto Press，1985：6.

科技的发展必然导致劳动方式的变革，例如计算机的产生是很大一部分的脑力劳动转变为体力劳动。技术革命使生产力提高，减少了必要劳动时间，但是人类更大程度上依赖于物，就劳动本身而言，自动化技术的广泛应用导致大量技术和非技术性劳动的消亡，人作为主体却丧失了对劳动活动的控制。高兹还认为资本主义制度下的科学技术具有意识形态的属性，成为资本主义操纵工具。只有劳动者掌握科技，科学技术才能成为解放劳动的助力。科学技术受到资本的控制，教育、医疗同样无法摆脱资本的操纵，资本主义制度下，人们的生活发生了全面的异化。

异化使人们屈服于当代资本主义制度的工作逻辑——将失业视为一种理所当然的短时间现象，并且潜移默化地认为"必须全职工作或者为了利益你必须失业和抛弃所有的活动甚至不被付薪"[①]。劳动者对于资本逻辑的全然服从，恰恰是人们的思维方式和认知习惯被资本主义制度所异化的最佳证明。工人成为工作的奴隶，被纳入资本主义意识形态和维持体系的统治中。高兹通过批判资本主义制度下劳动极端异化的状态，认为问题的源头在于异化了的劳动，因此要从解放劳动出发，使人们从异化的劳动中解放出来。只有工人正确认识劳动的本质，才能产生动机推翻资本主义私有制，扬弃私有财产从而实现人的解放。

---

① GORZ A. Paths to Paradise：On the Liberation from Work ［M］. London：Pluto Press，1985：34.

二、批判经济理性下的消费主义价值观

高兹的理论包括对资本主义制度、消费主义价值观、生产方式的全方位批判。资本主义的经济活动、生产活动、教育、医疗都围绕利润运转，而不是以维持生态系统的完整和平衡为己任。高兹认为在资本逻辑的推动下，资本家为了利润最大化必然扩大资本的流动空间，不加控制地操纵社会领域和自然领域。在资本家看来利润是高于一切的存在，工人的身心健康、自然环境污染都不在思考的范围之内。在批判资本主义生产逻辑的意义上，高兹与马克思秉持相同的观点。

在后工业社会中生产力水平提高，社会必要劳动时间缩短，如马克思所预言的那样，将导致平均利润的下降。高兹认为平均利润的下降意味着资本主义制度面临"过度积聚的危机"。为了避免制度的崩塌，资本家不断地压迫劳动者，制造利润，除此之外刺激消费、制造消费契机以获得新的利润点。消费缓解甚至成为比生产环节更为重要的巩固社会阶级的手段，通过操纵消费活动麻痹工人阶级。传统社会到消费社会的转变标志着价值观由"够了就行"（enough is enough）到"越多越好"（the more the better）的转变。传统社会中，生产、消费、交换、分配四个环节中生产是核心环节，人们的劳动围绕满足生存发展的需要进行，不存在过度消费的概念。随着资本主义制度中，资本逻辑的主导性地位增强，为了维持资本的运转资本家开始"制造"需求。一方面，通过制造出来的需求消化生产过剩，既能达到增长利润的目的又有利于维护资本主义制度的稳定；

另一方面，对于劳动者而言，在虚假消费行为中获得满足和幸福感，瓦解了无产阶级的革命意志。

高兹将异化消费与经济理性联系起来，认为经济理性遮蔽了异化消费的本质。商品从被制造出来之前就已经预设了有效的使用时间，以便于在时效内更换新的产品，刺激新的消费行为，丝毫不考虑对自然原料的消耗和浪费。在经济理性的支配下，商品的价值胜过使用价值，以便商品能够在满足消费者需求的层面上又确保资本的增长。人作为主体丧失了自主性，被迫迎合被制造出来的需要。高兹注意到后工业社会制造出琳琅满目的商品同时，贫困也被制造出来了。"贫困不是客观的和可测量的事实，它不同于匮乏或不足。它是一种差异、一种不平等、无法获得社会规定为是'好的'的事物。"① 贫困是人为制造的匮乏，在资本主义制度下，贫困的程度与消费水平的增长成正比。高兹认为，消费社会是以少数人占有和享受大多数的财富为代价。资本主义制度以维持少数人的占有为合法前提，造成了他人的贫困。

三、构建生态社会主义乌托邦

高兹认为资本主义逻辑下，使人们的价值观发生了转变，异化消费不仅重塑了人们的价值观，还带来了严重的生态危机。在经济理性的操纵下，资本为了增殖而不加限制地扩大生产、制造消费，相应地则会增加对自然资源的消耗和对环境的污染程度。自然的承载力终究是有限的，无法承担资本无止境的消耗，陷入"过度生

---

① GORZ A. Ecology as Politics [M]. Boston：South End Press，1980：58.

产—异化消费—环境破坏"的恶性循环之中。此外，高兹赞同威廉·莱斯的看法，"在征服自然的观念培养起来的虚妄的希望中隐藏着现代的最致命的历史动力之一：控制自然和控制人之间的不可分割的联系"①。高兹在莱斯的基础上进一步指出，资本主义社会制度下，自然资源的占用都不计入成本范围内，因此导致了开发利用自然资源的任意状态，自然沦为人类的奴仆。资本主义的内在属性决定了人与自然之间对立的矛盾状态，二者之间的矛盾只会随着资本的积累而愈加严重。人的生存发展完全以现实的自然资源为前提条件，经济理性支配下的生产和消费行为最终将对自然造成超过其承载能力的伤害而导致自然环境崩溃。

高兹认为资本主义制度范畴内无法彻底地解决生态问题，应转而建立一种更为先进的社会形态——生态社会主义社会。高兹意图摆脱资本逻辑下的经济理性，提出了一系列设想，比如限制生产、解放自由时间。高兹认为在生态社会主义中"主要的工业生产是中心计划的，只生产一些满足基本需要的东西，部分地区废除市场机制"②。以限制生产的方式缓解生产活动对自然环境造成的压力，同时克服异化消费的价值观影响。由于集体共有的服务设施具有耐用、流行性弱、可修复等特征，当具有以上特征的公共设施投入使用，人们对经济理性下的易损坏、高能耗物品的需求将会逐步被取代。高兹认为，在结合生态理性和经济理性这一目标面前，社会主义制度具有与生俱来的优势，这一目标之所以对资本主义社会来说不可能完成，在于其制度的固有属性。资本主义制度始终以追求利润为

---

① 威廉·莱斯. 自然的控制 [M]. 岳长龄，译. 重庆：重庆出版社，2007：6.
② GORZ A. Ecology as Politics [M]. Boston：South End Press，1980：9.

宗旨，在其逻辑下，只能进一步加深异化劳动对人和自然的影响。高兹认为，包括生产和消费活动在内的一切社会活动的重建必须围绕生态理性的主旨；开发绿色技术，发展生产力不仅能够成为保护生态环境的助力，而且能够创造将人们从异化的劳动中解放出来的现实环境。

马克思认为"时间实际上是人的积极存在，它不仅是人的生命的尺度，而且是人的发展的空间。"① 人们是否有全面发展的前提条件，与人类自身的自主发展投入了多少时间，这是衡量人的全面发展的重要尺度。通过缩减生产，使人们的自由时间得到解放。中心计划和官僚机构缩小到极限，人们能够对自己的生活掌握自主权，完全的自主虽然是不可能的。但是高兹认为，个体的自由是他人与自主之间平衡的产物，完全的自主不过是主观任性而已。高兹设想的生态社会主义，不仅能够解决人与自然在资本主义制度下的矛盾状态，同时还具有解放人自身的维度。

高兹认为，工人阶级在当下社会中不但没有发展为与资本主义相对立的革命力量，反而从教育层面被削弱了革命意志，被统治阶级的意识形态所塑造，成为其统治的基石，同资本主义制度呈现越来越高程度的同化。高兹从阶级构成上对马克思的阶级理论进行了更新，他认为当前社会的生产状况将工人阶级分化为资本服务的精英阶层，随时可能失业的劳动工人以及新工人阶级。从社会成员身份的构成上看，新工人阶级由技术人员、教师、研究人员组成，他们有良好的教育背景，能够达到一定程度的自我意识觉醒，并且摆

---

① 中共中央马克思恩格斯列宁斯大林著作编译局. 马克思恩格斯全集（第四十七卷）[M]. 北京：人民出版社，1979：532.

脱统治阶级意识形态的操控。高兹认为，社会变革需要依靠"非工人的非阶级"，但是他对历史主题的表述又非常模糊，导致带有乌托邦性质。

国内学者陈学明教授认为，由于高兹著作成文正处于中国"文化大革命"期间，可能受到当时中国的一些错误宣传的影响，他把中国当时的劳动形式视为用自愿合作代替等级制度分工的实际事例来分析。错误地使用历史材料是导致高兹生态社会主义乌托邦属性的原因之一。

第五节 休斯的生态价值观思想

乔纳森·休斯是当代英国重要的环境伦理学家，本书关于休斯的材料主要来自《生态与历史唯物主义》一书，休斯一一回应绿色批评家和其他生态学马克思主义者对历史唯物主义的片面化理解，表达了自己的理论观点。

一、对生态中心主义抽象伦理价值观的批判

学界从不同的角度出发为解决生态危机，大致形成两种生态伦理思潮——人类中心主义和非人类中心主义。人类中心主义将人类权利视为人与自然关系的底线，力图把握人与自然之间供给关系中的平衡，避免生态危机威胁人类生存。非人类中心主义则认为，二者地位平等，自然中的一切存在物都具有与人类相同的权利和价值。

非人类中心主义还可根据出发点的不同分为动物中心主义和生态中心主义。

对于环境保护主义之中的"深绿"（deep）与"浅绿"（shallow）之分，乔纳森认为是用以区分激进与否的一种简易的方法，两者的差别在于内在价值范围的不同。激进的一方实质上将内在价值推及到人以外的包括非感知性的一切自然物范围；而温和的则要求将内在价值推及一切可感知的自然物。非人类中心主义者认为，将道德价值范围扩大，推及到人类范畴之外，给予一切感知和非感知存在物以价值，价值观的重构可以使得人与自然之间关系得到合理的解决。休斯指出，在道德伦理的范围内，单纯通过塑造生态伦理价值观是不能解决生态问题的，要从历史唯物主义理论出发，发掘马克思的生态观并与社会生产方式相结合的角度解决生态危机。

非人类中心主义肯定自然中蕴含着绝对的内在价值，"系统价值是某种充满创造性的过程，这个过程的产物就是被编织进了工具利用关系网中的内在价值"[①]，在伦理价值的意义上人与自然是平等的，以此证明人对自然的破坏行为是不合法。休斯认为从价值论理的角度看待人与自然关系是片面的、抽象的。

休斯以马克思历史唯物主义的立场驳斥了非人类中心主义的理论立场。非人类中心主义者将人类的伦理道德推及自然界中的观点何以可能？西方生态学家主要通过两个方法来论证这一路径的可行性：类比和审美价值。实际上非人类中心主义的推演缺少了实践的维度，只从伦理道德的角度从逻辑出发的推演是抽象的。

---

① 霍尔姆斯·罗尔斯顿. 环境伦理学［M］. 杨通进，译. 北京：中国社会科学出版社，2000：255.

二、阐释马克思历史唯物主义的生态属性

西方绿色思潮的生态主义学者认为马克思的理论领域中没有生态思想，更有甚者认为马克思主义是反生态的理论，认为历史唯物主义是"技术决定论"和"经济决定论"。追根究底，这种观点来自马克思对马尔库塞人口论的反驳。

社会必须适应增长的确定限制这一主张已经成为环保思想发展中的核心部分，同时也是环保思想中最重要的主题之一。马尔萨斯主义中明确地提出了"增长限制"这一核心内容，在人口繁衍不设限制的前提下，生活资料与人口消耗量是完全不成比例的。人口数量将指数式增长，而生活资料只能线性增长，当生活资料不足以满足人口消耗，那么摆在人类面前的就是生存的巨大挑战。此后马尔萨斯主义观点在全球范围内引起了环境保护论者的共鸣。

面对马尔萨斯主义，休斯提炼了马克思和恩格斯的反驳。首先，马克思和恩格斯认为马尔萨斯理论具有意识形态属性，理论实质上为资产阶级服务。马尔萨斯把贫困当作了"人类永恒的命运"，实质上等于默认了资本主义制度下资产阶级的剥削为合理行为。因此资本逻辑下，财富掌握在少数人手中，大多数人的贫困是无法解决的问题，那么也就是说为消除自然本身所造成贫困的社会主义运动是一种永远不可能实现的幻想。其次，恩格斯认为人口增长并非如马尔萨斯主义所论述的以几何级数的方式增长，实际上人口的增长是社会性问题，受到社会环境的影响。两者之间并不是一种必然的逻辑关系，以数学建模的方式分析社会问题是一定会得到一个脱离历

96

史的、抽象的结果。最后，马克思和恩格斯认为，理论上存在自然限制的事实，但是理论上的存在与现实发展是两个维度的问题，并且客观规律支配下的自然并不能必然推导出自然限制的结论。这个概念本身是在人类活动介入自然之后产生的，受到人类与自然双方面的影响。因此只有在抽象中限制才是绝对的，由于分配和利用的失败以及生产的不足，才会导致需求的产生，因此可以说人类的需求受到社会的影响。

马克思、恩格斯批评马尔萨斯的观点存在局限性。其一，他们低估了科学技术的发展对社会进步的重要作用。不能以当前的思维决定技术的发展，几百年来技术一直将此前的不可能变为现实，技术的应用很大程度上改变了人们的生活方式和习惯。马克思认为技术具有非常大的潜力，当下社会看似不能解决的能源和生产资料不足的问题，未来会在科技手段的辅助下得到解决。其二，马克思和恩格斯的视域中，自然资源枯竭的看法未免过于悲观。自然资源的有限性是不争的事实，但是这种可能性在相当长的一段时间内都不会对人类的生存发展造成实质性的影响。并且科学技术的发展有可能提高资源的利用率，抑或出现新能源替代原有不会恢复的消耗性能源。其三，自然与人类社会的统一性决定了不能孤立地看待自然限制问题。自然与人类社会是一个有机的整体，主体的活动方式和需求决定了人们对待自然的方式，也会影响到自然的有限性。

必须承认的是人类社会与自然存在着相互作用，如果说否认了人类社会与自然之间相互作用的渠道，那么生态问题也将无从谈起。休斯认为二者之间的相互作用表现为三个方面，分别是生态依赖原则、生态影响原则和生态包含原则。人类是自然的一部分，人类社会的建立和发展必须以生态环境作为依托，不存在能够脱离自然界的人类发展。根据不同地区自然条件的差异性会形成不同特征的人类社会和文明形式，这说明了自然对人类社会的影响。而这种影响也是双向存在的，人类会自觉不自觉地对自然产生影响，改变人类未介入前的状态。

　　休斯否定了绿色思潮普遍性地对马克思的误解，他认为历史唯物主义理论中不乏生态维度，马克思将人类社会置放到自然域中，人类所依赖的自然构成了马克思社会理论有机的中心部分，马克思的著作中多次阐明了以上的人与自然关系的三条原则。关于人类社会对自然的依赖关系，一直贯穿于马克思的全部学术著作中。马克思明确地指认了自然先在性，表明了人类依赖于自然而存在，人类社会的生活资料和生产资料都建立在自然的基础上。马克思曾指出，倘若人类离开自然环境哪怕只有一年，那么人类社会发展至今的历史都将不复存在。马克思将自然视为人的无机的身体，证明了人与自然的内在统一。

　　此外，环境评论家认为马克思的早期和晚期著作中表现出生态学内容上的断裂。在马克思的早期著作中，已经表达了资本主义生产活动对自然环境的破坏作用，变革资本主义私有制具有解放社会与自然界的维度，但是在马克思晚期的著作中有关自然环境的关注不但没有发展，反而将研究重点转移到了资本主义阶级关系的问题上。环境批评家以马克思晚期重视生产力发展的观点为依据，判断其抛弃了理论中的生态原则。休斯承认马克思的早期著作中生态思想较为明确，但不能因此认为马克思晚期放弃了人与自然的关系。首先，生态思想在马克思的著作中一直保持了连续性；其次，休斯认为环境批评家存在对马克思生产力发展观点的误读，生产力的发展并不意味着激化人与自然之间的矛盾，二者之间并不存在必然的逻辑联系。

三、历史唯物主义的生产力发展理论

马克思由于对生产力发展的积极态度成为被绿色批评家的攻击对象，马克思也因此被视为"技术决定论者"。休斯认为以上观点是对马克思历史唯物主义理论的误读。马克思对生产力发展的乐观看法、绿色批评家如何看待马克思的生产力理论都是需要关注的问题。

马克思始终认为人类是自然界的一个组成部分，生产资料的获取也要依靠自然所提供的原材料。生产过程中伴随着对自然原料的消耗，一种情况是，自然原料获得新的存在形式凝结为商品，或者被消费，或者进入下一阶段的生产活动。另一种情况是，生产过程中的不合理处置方式造成了自然原料对自然环境的污染。如果生产力的发展蕴含着这些具有生态问题因素的扩张，那么这个观点即这样一种发展是否会不可避免地增加我们的生态问题呢？

休斯批评绿色生态这对概念辨别的模糊，澄清了生产力发展不等于技术发展的理论前提。部分学者将马克思的生产力概念与技术等同起来，造成了概念上的混淆，以此将马克思鼓励科技发展的观点归结为技术决定论倾向。实际上生产力概念的外延要比科学技术更加宽泛。休斯对生产力的理解是，"生产力由劳动力和制造产品所使用的生产资料构成"①，技术知识只是劳动力诸多本质力量中的一个方面而已。技术进步会促进劳动力的发展，而劳动力会改变生产过程。因此，休斯认为将马克思生产力理论等同于技术发展理论是不准确的。技术发展与生态问题之间是生态问题中被广泛讨论的问题，休斯认为技术在生态问题领域的作用和问题值得考虑，甚至早期生态学马克思主义对技术的看法也具有消极性。格伦德曼认为技术的进步为人类破坏自然环境提供了助力。在技术的辅助下，人类在自然界中的活动空间得到了扩展，因此能够比此前更深刻地影响自然；并且当下技术发展呈现出复杂化、不透明化的趋势，对于普通人来说技术的发展过于复杂和深刻，容易发生更大影响的环境安全事故。休斯认为格伦德曼的观点将技术引领至悲观层面，技术进步降低了对生态环境的破坏，例如核能源的开发替代燃烧煤的能源获取方式，也就降低了空气污染的风险；虽然在精确的控制系统下人类能够更为稳妥地掌握技术，但是也不能完全避免生态安全事故，但是这也是偶然性的小概率事件，休斯认为技术进步的止步意味着放弃了未来技术发展的可能性，是一种因噎废食的做法。

马克思认为生产力发展会带来生产关系的变化，休斯将其称为生产力的革命效应，内含破坏效应和促动效应两个元素。马克思认为，"生产力的反战形式变为生产力的桎梏，那时社会革命的时代就到来了"②。生产力将持续保持进步的趋势，而相对固化的生产关系最终将无法适应先进的生产力，产生社会结构变革的革命。休斯认

---

① 乔纳森·休斯. 生态与历史唯物主义［M］. 张晓琼，侯晓滨，译. 南京：江苏人民出版社，2011：177.
② 中共中央马克思恩格斯列宁斯大林著作编译局. 马克思恩格斯选集（第二卷）［M］. 北京：人民出版社，1995：33.

为在这里"桎梏"的意义并不是生产力的完全静止或是进步速度的相对缓慢,"桎梏不是对一个社会新生产力发展的限制,而是对其应用高度发达的生产力的能力的限制。"① 所谓桎梏关系实际上是对生产力和生产关系之间变革关系的表达,无论何种意义上生产力在发展过程中所受到的生产关系的阻碍都是资本主义制度内在矛盾的表现。资本主义制度下,被异化了的生产力不仅仅存在发展不全面的问题,而且对生产力的错误应用才使得其展现出了对人、对自然环境的破坏性力量。

马克思认为生产力处于资本主义制度中以被扭曲了的形式发展和应用,共产主义社会是对资本主义制度和生产方式的超越,生产力能够得到解放,以积极的方式参与到生产过程。在马克思看来,生产力的发展是必要的,因为它能够为社会革命制造必备的前提条件和现实基础。

除了上述主要代表人物之外,还有莱斯、佩珀等人的观点对生态学马克思主义理论整体构建具有重要意义。

威廉·莱斯同阿格尔一样,是早期生态学马克思主义的代表人物,阿格尔的理论强烈地表现出对现实的关注和重视。而莱斯则与他不同,从理论层面广泛地讨论生态问题的理论根源、历史背景,阿格尔承认莱斯对生态学马克思主义理论的阐述要比他本人更清晰、更系统。莱斯认为生态危机产生的原因在于人类控制自然的观念,基督教神学和培根是认知人与自然关系变化的分水岭。莱斯认为控制自然的已经被纳入意识形态当中,进入了社会上层建筑。表面看

---

① 乔纳森·休斯. 生态与历史唯物主义 [M]. 张晓琼,侯晓滨,译. 南京:江苏人民出版社,2011:201.

来是人对自然的控制造成了生态危机，实际上作为意识形态的控制自然观念背后是人对人的控制。莱斯认为人与自然的危机也是人与人之间的危机。虽然从当下生态学马克思主义的发展回望莱斯，其理论有诸多不成熟之处，但是，在 20 世纪 70 年代，莱斯的理论对其后理论的向度和路径都有一定影响，如格伦德曼、奥康纳、福斯特等人的著作中都证明了这一点。

戴维·佩珀是英国生态学马克思主义代表人物之一，他长期关注绿色运动，从生学态社会主义转向了生态学马克思主义。佩珀认为历史唯物主义与生态学之间毫无疑问具有结合的可能性，历史唯物主义具有巨大的理论价值和生命力，虽然在内容上不够完满，但是可以依据其结构框架搭建出解决生态危机的理论。佩珀鲜明地提出生态学马克思主义是一种致力于长期的、集体的人类中心主义。

由于本书选取具有理论特色的生态学马克思主义代表人物为重点对象，虽然佩珀和莱斯在其学派内部占有举足轻重的地位，但是由于其理论特色相比之下不够鲜明，或与其他学者有重叠的部分，因此就不做详细阐述，只进行简单介绍。

第四章

生态学马克思主义价值观的内涵及理论特征

通过梳理生态学马克思主义的来龙去脉，归纳几位具有代表性的人物的主要思想，对其价值观理论进行总体性的提炼和概括。本书从内涵和特征两个角度进行理论分析，提炼生态学马克思主义价值观的内容。

第一节　生态学马克思主义价值观内涵

生态学马克思主义价值观首先回应了生态中心主义的指责，修正并抵制其矫枉过正的做法，在限制人类价值的基础上，重新定义人类中心主义。批判资本增殖逻辑导致的生产的异化和人的异化，憧憬人与自然的和谐统一。生态学马克思主义价值观具有以下四个特征：秉持温和的人类中心主义立场，批判理性至上导致的技术主义，批判资本主义制度以及达成人与自然和谐状态的生态社会主义价值理想。

一、对生态中心主义的修正

生态中心主义是当代的一种生态伦理思潮，在西方学界有一定的影响，是对非人类中心主义的深化发展。非人类中心主义具有后现代主义哲学思潮的特点，批判传统西方哲学形成的理性主义和人道主义，反对近代以来主客二分思维方式对自然的工具属性定位。它认为，正是由于人类中心主义的影响，人类用主体与客体之间冰冷的关系替代了从前对自然的敬畏之心，实施掠夺式的开发和占有，环境问题越加严重，从而导致了当下的生态危机。生态中心主义基于生态学揭示的生态客观规律认为，生态圈中的各个存在都处于相对平等的地位，生态圈中的任何存在相对于其他存在不具有特殊的权利，人也不例外。特别是奥尔多指出"当一个事物有助于保护生物共同体的和谐、稳定、美丽的时候，它就是正确的，当它走向反面时，就是错误的"。① 阿伦·奈斯否定了人类特权主义，认为人应该平等地对待生态共同体中的其他成员，自我实现论是指人类目前的自我认知是狭隘的，人类将自己视为生物圈中的最高存在，而事实上人类与非人类存在物都是生态系统中的组成部分，具有相同的本质。只有走出以人类为中心的价值观取向，才能全面地占有人的本质，实现自我。

生态中心主义将生态学理论应用到社会实践中，从生物体的角度来看，人类确实是整个生态系统中的一环，在生命构成上与非人

---

① 奥尔多·利奥波德. 沙乡年鉴 [M]. 侯文蕙，译. 北京：人民出版社，2000：192-193.

类存在物并没有本质的差别并且必须服从客观生态规律，问题是作为自然科学的生态学不具有人文尺度。近代笛卡尔以来形成的主客二分思维方式导致自然之于人类变为了工具性的存在，生态中心主义反对主客二分的思维方式以及建立在理性主义基础上的技术。出于保护环境的立场，提出反生产主义、反经济增长和反技术主义，以此作为解决生态危机的对策。生态中心主义将生态保护与人类的生存发展对立起来，呈现出反人道主义的意味。生态学马克思主义对生态中心主义持批判态度。

第一，生态中心主义长久以来存在着对马克思生态思想的误读。认为马克思关注生产力和生产关系、关注共产主义革命、对生产力的发展持肯定态度，对生态问题视而不见，因而将马克思视为反生态者。休斯认为在马克思的理论中明确提出了人的双重属性——自然属性和社会属性。人的存在以自然为绝对的前提条件，这是马克思历史唯物主义理论的前置条件。"马克思认为物质生产的增长是建立一个高度发达的共产主义社会的先决条件。但这并不是可以指责他的构想具有生态不可持续性的充足理由。"① 休斯认为，马克思理论内涵了对生态问题的解答，马克思以取消私有制为手段，设立了共产主义社会的理想。取消私有制意味着人们从资本主义制度的异化模式解放出来，也就是说，人类社会取消了资本的增殖属性，以公有制的形式集体地占有自然，人与自然之间实现真正的和解。虽然在马克思主义理论中没有将生态危机作为一个问题而提出，但是在其理论框架中具有肯定自然属性的前置条件和解决生态危机的

---

① 乔纳森·休斯. 生态与历史唯物主义［M］. 张晓琼，侯晓滨，译. 南京：江苏人民出版社，2011：230.

路径。

第二，生态中心主义将技术看作与生态保护相对立的力量，盲目地对技术的发展予以全盘否定。对此，生态学马克思主义持相反意见，他们认为将技术视为导致生态危机的根源未免有失偏颇。技术是生产力的一个重要部分，体现了人类的本质能力，我们应当认识到生态危机产生的原因在于技术的错误使用而非技术本身，社会制度和价值观属性才是技术滥用而导致生态危机的更深层次原因。操纵技术运用的资本主义制度不发生变革，则不能期待限制技术发展或科学技术的进步以解决生态危机。技术仅仅是一种客观存在，当科技进入感性活动领域，与人连接在一起而成为工具，因此生态学马克思主义认为不能将生态问题的产生归咎于技术，我们批判的对象应该是技术理性和技术非理性运用。生态学马克思主义认识到，表面上技术造成的问题实际上应该对社会制度追责，实现技术真正意义上为人类的生存发展而服务。即使高兹提出，资本主义制度下的技术不存在完全的"中立"属性。实质上针对的依然是资本主义制度而非技术本身。生态学马克思主义肯定了技术在人类社会发展中所起到的进步作用，并且强调摆脱资本主义对技术控制才是对技术应该有的态度。

第三，在看待生产力和经济发展的问题上，生态学马克思主义与生态中心主义持相反意见。生态学马克思主义认为，无论在任何社会形态中，人类的生存发展都必须得到有效、可靠的保障。同时，福斯特主张社会发展必须关注穷人，"以人为本，尤其是穷人，而不是以生产甚至环境为本"①。生态中心主义强调自然的价值高于人的价值，在自然的极限面前应该限制人类的发展。福斯特批判马尔萨斯《人口论》的生态中心主义立场，马尔萨斯认为应该以限制人口的方式尽力维持人口增长与地球资源供给之间的平衡，"这些限制方式可以归纳为各种形式的罪恶与贫困，诸如可以限制生育、（马尔萨斯时代的一种普遍看法）婚前乱交、疾病和瘟疫，并且如果所有其他限制方式还不足以奏效，那么最后还有可怕的饥荒。"②

　　自然是人类实践活动的基础和前提条件，是人作为生物体所不能抛弃的自然的固有属性，也是人与社会发展的制约因素。因此人类的活动和社会的发展必须考虑自然因素，否则将会破坏自然内在的生态平衡，受到客观存在的自然规律的惩罚。然而人在具有自然属性的同时还具备超越性，能够利用客观规律指导自己的实践活动。人作为能动的存在不是盲目地、完全地受制于自然界，而是具有一定的自主性。因此可以说人的活动是与自然界交互活动的有机结合。如果忽视满足人类需求的合理性，抑制人的主观能动性，忽视人的主体地位，在理论上无疑存在极端的片面性，在实践上则难以转化为社会公众的生态意识，无疑不利于环境保护事业，甚至会对保护环境的活动造成负面影响。

　　追根究底，由于人是具有主体目的性的能动存在，所以不可能在真正意义上与其他物种实现生态中心主义所期望的平等。非人类中心主义秉持的观点意味着为了非感知实体的利益要牺牲人类的重

---

① 福斯特. 生态危机与资本主义［M］. 耿建新，等译. 上海：上海译文出版社，2006：42.

② 福斯特. 生态危机与资本主义［M］. 耿建新，等译. 上海：上海译文出版社，2006：133.

大利益，同时意味着人与自然关系中的人的不自由，这也是非人类中心主义理论所不能克服的局限。非人类中心主义的缺点在于将客体抬得太高，二者平等意味着人类在自然界中将丧失行动的权利，消除了人的主体能动性。倘若二者价值平等，那么人类就丧失了消耗自然资源维持自身生存的资格，甚至无法延续本能的生存需求，更谈不上发挥主体能动性以实现生存在外的价值。因此可以说，非人类中心主义对人类中心主义人类利益至上的批判存在矫枉过正的缺陷，陷入过分推崇自然价值和贬抑人类利益的误区。

尽管人类中心主义与非人类中心主义都主张保护自然生态，然而出发点不同。人类中心主义认为保护生态环境刻不容缓的原因在于，人类迄今为止取得的劳动成果都建立在自然的基础上，倘若离开自然环境，那么人类的生存也将成为泡影。站在人类共同体的立场上，为了最大限度地维持人类的生存发展空间，保护自然是必要的，并且是不得不为之的行为。非人类中心主义认为人类过于关注自身的生存价值，对自然的利益不屑一顾，忽视对自然的保护。就人类中心主义而言，自然是人类赖以生存发展的基础条件，因此，基于保障人类生存权利的最低限度，要限制人类活动保护生态环境。"一般理性存在者的感性自然就是以经验为条件的法则之下的实存，因而这种感性自然对于理性而言便是他律"。在康德看来，如果主体不能达到意志的自律，在自然面前被他物（包括经验、欲望）所束缚而丧失了自主选择权利，那么作为主体的人就丧失了自由。只要人单纯地把自然视为生存的工具，那么人类中心主义保护自然的行为就不是出于主观、自愿的选择，而是反思下的、被迫的"不得已"。人与自然之间的关系没有得到新的审视，解决生态危机问题只是基于人类生存利益本能的让步和妥协而非置于内在于人类自身的自由意志基础上。

二、对人的价值的有限定位

生态学马克思主义承认正是由于对人的价值全盘肯定、不加限制，导致人类活动对自然环境造成了远远超出其承载力的影响。人类对自身价值评判过高，将自身视为万物灵长，是高于自然界其他生物的存在，以科学和技术为手段对自然界其他存在物的价值判断上具有视为工具的倾向性。对人类主体价值认知的膨胀造成了价值观上人类把自然存在视为可操纵的对象，蕾切尔指出："'控制自然'这个词是一个妄自尊大的想象产物"①。生态学马克思主义并没有全盘接受绿色思潮对"控制自然"观点的批判，而是提倡辩证地看待这个问题。

在人类漫长的发展历史上，以培根为转折点，建立起了关于人类可以操控自然的价值观。培根将科学和宗教联系起来，他提出基督教中人类被逐出伊甸园意味着道德上的缺失和自然统治权的丧失，对人类而言恢复这两项权利有两种途径：科学和宗教。"培根的伟大成就在于他比以往任何人都清楚地阐释了人类控制自然的观念，并且在人们的心中确立了它的突出地位。"② 培根鼓励科学技术的发展并且得到了社会上广泛的支持和回应，人们相信"大量的悠闲和享

---

① 蕾切尔·卡逊. 寂静的春天 [M]. 吕瑞兰，李长生，译. 长春：吉林人民出版社，1997：263.
② 威廉·莱斯. 自然的控制 [M]. 岳长岭，李建华，译. 重庆：重庆出版社，2007：30.

受是建筑于科学和技术进步基础上的"①。自科学技术方面所取得的成果实实在在地改善了人们的现实生活，社会存在发生变化后价值观方面也随之而改变。自然由过去神秘的信仰对象转变为各种可以随意处置的对象物，人类可以根据各种手段和科学技术从自然中获取资源，人类对自然逐渐产生一种实用主义的态度掩盖了自然之前神性的光芒。17 世纪以后人类将自身掌握和支配自然的程度与自由的概念等同起来，甚至认为人的价值凌驾于自然一切存在之上成为唯一的标准。正如福斯特所说"我们的社会一直把自由视为技术支配自然的结果，是一种社会安排的结果。在这种社会安排中，鼓励个体追求他/或她的个人兴趣却毫不顾忌对范围更广的自然与社会的影响。"② 生态学马克思主义承认在价值观方面过分肯定人的价值而忽视了人类之外的其他存在的价值。

　　人类中心主义的价值观鼓励人们围绕自身的需求和理想从事实践活动，这种价值观有效地促进了社会的发展，同时也为人类埋下了祸根。控制自然的观念作为一种意识形态不单单是发生在人与自然之间，还会蔓延到人与人之间的关系范畴。莱斯指出，资本主义制度下人的欲望和需求永远无法得到满足，对人类价值的极度张扬得到了统治阶级意识形态的肯定，满足人类需求成为发展生产力的首要任务。这意味着自然环境之于人类而言，已经变为一个无需成本的、资源丰富的供应方，自然成为满足人的不可满足的欲望的材

---

① 威廉·莱斯. 自然的控制 [M]. 岳长岭，李建华，译. 重庆：重庆出版社，2007：8.

② 福斯特. 生态危机与资本主义 [M]. 耿建新，等译. 上海：上海译文出版社，2006：44.

料被无条件的占用。弥漫在整个社会中的"控制"思维模式会扭曲人类关键性的需要，人与自然的关系决定了人与人的关系的发展水平。人们被引导到相信他们真的需要市场上供应的商品，人类社会变成了无休止追求和填补形形色色欲望的场所，从而引起无穷的对抗和争端。

人类中心主义过于认可人的价值而否认他物的价值，由于其鼓励主体的人以自由而被学界批评，生态学马克思主义和绿色思潮对此持相同意见。生态学马克思主义与绿色思潮不同之处在于，限制不意味着彻底的否定。自然环境是人类生存繁衍的基础条件，自然资源的有限性和生态系统的有限性是客观存在的事实，但是人类不得不依托肉体尽可能长久地繁衍下去，有限的资源条件和无限的资源消耗之间存在既定的矛盾。假设如果由于人类价值的过分肯定而导致了生态危机的诞生，从这一点上推断出完全的否定人类价值，那么这种"因噎废食"的做法是不可取的。生态学马克思主义采用对人类自身价值设限的方式处理有限资源与无限生存这对矛盾，比如阿格尔和高兹等人针对资本主义制度下异化的消费观提出批判；限制消耗性生产，将经济发展限制在满足基本生存的需求范围内，使人类对自己进行设限的方式控制对人的价值的盲目追求。

生态学马克思主义在价值观上对人的价值的有限定位并不意味着可以通过价值观变革而解决生态危机。一部分生态主义者提倡"将生态价值与文化变革融为一体"的道德革命解决生态危机。个体作为组成社会总体的成员，通过提高个体的道德水平、改变个体的消费观，以道德革命的形式完成解决生态危机的任务。新环境伦理的代表学者奥尔多·利奥波德认为，"我们滥用土地是因为我们把它视为属于我们的商品。当我们把土地看作是属于我们的共同体时，我们才会怀着敬爱去使用它。"① 另一部分生态主义者认为价值观革命的范围应更有针对性，以企业主管和商业领袖等社会精英为主。决策层的精英改变以追求利润为最大目标的价值观，制定以生态道德为基础的发展目标，在企业的发展中建立和谐的生态社会，而这一种观点在生态学马克思主义看来是没有实际意义的空想。

三、对资本逻辑导致的人的异化状态的反思

生态学马克思主义不仅关注资本主义制度对自然造成的危害，还在更深入的视角下关注人的异化状态。马克思基于大量调查研究的基础，用大量篇幅描述了当时资本主义制度给生态环境和工人的生产生活带来的破坏。对劳动者的身心健康和生命安全的摧残是资本主义生产方式存在的保障。

第一，生态学马克思主义借鉴了马克思对资本主义的批判，资本主义私有制所造成的阶级分化导致了富人和穷人之间、城乡之间日益加深的分化和对立。生态学马克思主义认为阶级"引起极端的两极分化——一方面是财富的无限增长，另一方面是异化的、被剥削的、没有尊严的生产。"② 资本逻辑使得资本主义社会中剥削制度合理化，造成了阶级分裂和贫富差距，更为重要的是导致了自然的

---

① 福斯特. 生态危机与资本主义 [M]. 耿建新，等译. 上海：上海译文出版社，2006：36.

② 福斯特. 马克思的生态学 [M]. 刘仁胜，肖峰，等译. 北京：高等教育出版社，2006：193.

异化和工人阶级的异化。"穷人必须做工，而不能计较工资高低"①。劳动者的自由被大大的限制，只能选择接受或不接受某一工作，而没有跳出剥削制度的自由，只能从某一剥削者转向其他的剥削者。

第二，生态学马克思主义认为屈从于资本逻辑，将自然和劳动力物化为商品是人类最大的异化。资本从诞生的那一刻起就开始了对土地的掠夺，土地商品化造成大批原来依靠农业生存的农民失去了栖身之地，大批农民迫于生存压力不得不将自己作为劳动力商品进入市场。卢梭在《论人类不平等的起源》中揭示了私有制的本质："当第一个人圈起了一片地，名之曰'这是我的'，财产的观念就诞生了。财产的出现对个人意味着一种负担，因为它需要他人的协助，开始时人们通过互助来应付自然带来的变化。但是当农业和冶金业发生了革命，从人开始需要他人相助那一刻起，从一人的财物超出其所需的优越感显现之时，平等就消失了。财产介入生活，劳动力成为需要，无垠的森林变成需用人们的汗水浇灌的田野，人民看到奴役和苦难很快地发芽、生长、结果"。② 资本主义经过百年的发展，当下以跨国公司的形式在世界扩张，人的商品化将随着资本主义制度的扩张在世界范围内越演越烈。

第三，生态学马克思主义认为消费异化是资本逻辑对人造成的最严重、影响最深刻的异化形式。法兰克福学派最先对资本家制造"虚假需要"进行了批判。奥康纳明确指出资本主义社会的"第二重矛盾"，将会导致由于生产不足为特征的生态危机，因此生态危机

---

① 丹尼尔・A. 科尔曼. 生态政治：建设一个绿色社会 [M]. 梅俊杰译. 上海：上海译文出版社，2006：99.

② 萨利・肖尔茨. 卢梭 [M]. 李中泽，贾安伦，译. 北京：中华书局，2002：89.

是资本主义社会制度下，资本追逐利益和资本主义生产方式运行的必然结果。1930 年经济学家凯恩斯曾经预测，100 年后的人类每周工作 15 小时既可以获得满足生活所需的生活资料。然而 89 年过去了，并没有任何趋势上显示出近百年的时间来，人类的劳动时间有所减少。原因在于资本逻辑的驱使下，以利润为永恒的动力，推行消费主义价值观。自然是生产的前提和出发点，但却不是生产活动的归宿和最终目的。福斯特指出："仅局限于我们是否能在现有生产框架内开发出更高效率的技术是无意义的"。① 资本主义制度塑造了"虚假需求"，制造出远超于日常所需的产品诱使人们在市场机制下，将消费作为真正的满足，使人们在不知不觉中心甘情愿地成为资本逻辑运行的帮手。

马克思所处的年代，资本主义发展状况远远没有达到现如今的发展程度，自然环境、资源的破坏也远远没有达到现如今的激烈程度。人、社会、自然之间的关系出现了一系列的变化，人们把消费当作满足自己的方式。福斯特从物质交换裂缝入手，阐释了阶级分裂所造成劳动异化的根源，他认为正是资本主义的社会物质交换在自然与社会物质交换过程中造成了断裂。资本主义物质变换是一切异化的最终原因，人与人之间被简化为只有生产与消费之间的关系，消费成为人们满足自我的方式，自由被理解为"在竞争事物中进行选择的权利"②，并且通过"自由市场这只无形之手将出现人类优化

---

① 福斯特. 生态危机与资本主义 [M]. 耿建新，等译. 上海：上海译文出版社，2006：95.
② 福斯特. 生态危机与资本主义 [M]. 耿建新，等译. 上海：上海译文出版社，2006：46.

的社会结果"①，企业通过资本主义的生产和异化消费控制劳动者。奥康纳进一步指出异化消费是人的当代异化的集中体现。资本主义控制下的技术参与生产过程，因此在技术运用的过程中，有效地控制劳动者使他们更高效地生产剩余价值是技术进入生产的重要目的。"资本主义技术的设计、制造和运用不仅是为了调整和控制生产，而且也是为了调整和控制劳动阶级"。②

　　一方面资本主义制度下国家参与经济生活的建设，影响到了资产阶级自由主义的意识形态，利用科学技术进步带来的便利条件向普通民众提供琳琅满目的商品来刺激消费，完成资本的积累，另一方面，使人们在消费活动中获得满足感和自我确证，弱化无产阶级的革命意志。马克思早在《1844年经济学哲学手稿》中分析了资本逻辑操控下劳动发生的异化状态，人们把劳动作为谋生的手段，劳动异化为一种与人相对立的力量而不是反映人本质的活动，人们无法在劳动中感到快乐而只是疲惫，只有在劳动之外的闲暇时间和消费活动中能够体验作为"人"的快乐和存在感。整个资本主义社会在异化了的消费活动的牵引下，不断地陷入恶性循环，劳动者非但没有站在与资本主义制度对立的立场上，反而成为资本主义消费市场中的一环。

① 福斯特. 生态危机与资本主义［M］. 耿建新，等译. 上海：上海译文出版社，2006：46.
② 詹姆斯·奥康纳. 自然的理由——生态学马克思主义研究［M］. 唐正东，臧佩洪，译. 南京：南京大学出版社，2003：25.

四、对人与自然关系和谐统一的设想

生态学马克思主义以生态问题作为切入点，分析当代世界生态环境的现状，以历史唯物主义作为科学的方法论，揭示出了导致生态危机的深刻根源在于当今的生产方式，其目的只有一个，那就是解决生态危机。在生态学马克思主义看来，"阶级是有意义的"①，它能够引起极端的两极分化。马克思认为意识形态是统治阶级的意识形态，反映统治阶级的利益，因此具有虚假性。资本主义社会制度有意识地转移普通民众对生态问题的关注，弱化生态问题的严重程度以防止保护生态环境的措施影响到资本主义利润的生成。因此，生态学马克思主义"现实地描述生态与资本主义的冲突"，提倡"对进行掠夺性开发环境的现存生产方式和观念进行无情的批判"②，揭开资本主义为严峻的生态问题所蒙上的滤镜。资本主义制度下的人，必然受到资本主义制度规则的约束，变革社会资本主义社会制度下的价值观，建立生态社会主义价值观才能使人从资本的逻辑中解放出来，摆脱异化状态成为自由的、理想的人。

生态学马克思主义认为生态社会主义社会中人的价值观应具有以下几种特征：

第一，超越资本逻辑的可持续发展观。资本主义制度中，利润是驱动生产的原动力，也是生产活动的出发点和目的。在资本主义

① 戴维·佩珀. 生态社会主义：从深生态学到社会正义［M］. 刘颖，等译. 山东：山东大学出版社，2005：632.
② FOSTER J. Ecology Against Capitalism［M］. NewYork：Monthly Review Press，2002：25.

社会下衍生出这样一种价值观——金钱作为衡量一个人是否成功的标准是整个资本主义中存在的"经济理性人"的普遍价值取向，这种价值观已经深深地融入普遍社会意识中，"对引发的贫穷和环境破坏置之不理"，成为人们认为理所当然的观念，以至于"显示不出任何不道德的本性"，"所有其他道德标准和共同体规范被迫在它面前让步"①。生态社会主义中的人必须抛弃利润作为驱动的衡量标准，才有希望加速生态社会主义的进程、维护生态社会主义的社会体制，这是作为革命主体的人必须持有的价值观底线。"倘若生产能以促进全人类福利的方式促进个体福利，并且以可持续性亦即非掠夺性方式对待自然、满足人类需求的话，那么这种生产就可以说不会发生异化"②，这种新的生产方式的底线就是满足人的整体需要。资本主义生产方式追求交换价值和利润，生态社会主义社会中的生产活动以满足人的真正的、普遍的、自然的需要作为生产目标，在超越资本主义生产方式的同时也摆脱了资本主义制度下对人的异化行为，产生了一种新的、全面而自由的人。

第二，以满足人的整体需求为本。福斯特提出了"以人为本"（putting people first）的命题，他强调"不是以生产甚至环境为本，应当强调满足人的基本需要和长期保障的至关重要性"③。这说明价值体系的标准发生了变化，不同于以往以利润为根本的资本主义生

---

① FOSTER J. Ecology Against Capitalism [M]. NewYork：Monthly Review Press，2002：88.

② FOSTER J. Ecology Against Capitalism [M]. NewYork：Monthly Review Press，2002：80.

③ FOSTER J. Ecology Against Capitalism [M]. NewYork：Monthly Review Press，2002：49.

产方式，劳动者的身心健康、环境的破坏与否都不纳入经济的成本得失。人由手段变成了生产的目的，不是为了生产而生产，也不是为了利润而生产，而是为了人而生产。

生态学马克思主义以全人类的利益作为价值尺度，在人类生存发展的整个进程中，穷人、富人、古人、今人、未来人都应当享有相同的权益。特别是穷人，更大程度上承担了环境污染所造成的负面影响。资本主义制度下的阶级分化"是以生产的不足为基础的，他将被现代生产力的充分发展所消灭。"① 阶级分裂导致出现了贫富差距，而资本主义社会中财富决定了资源分配的不公平，环境污染对人类社会造成的影响对不同群体来说程度有所不同。全球变暖、空气污染、水资源短缺、生物多样性减少是全人类生活在地球上必须面临的趋势，但是富人相比于底层人民而言能够占有更丰富的社会资源规避相当一部分的环境污染，甚至于短期内，富人是环境污染的直接受益者。底层人民代表了生态社会主义社会是否有效解决生态问题的底线，因此以底层人民利益为出发点是生态社会主义社会的特别之处。

第三，消解消费主义价值观所造成的人的虚假需求对人与自然关系的破坏。前资本主义社会中，人们关注商品的物质性即使用价值，随着资本主义的发展，消费主义价值观同资本主义现代性价值体系和市场经济的普遍交换原则紧密相连，人们无法分辨什么是自己客观的、真实的需要，什么是被社会牵引出的主观欲望。"异化消费是指人们为补偿自己那种单调乏味的、非创造性的且常常是报酬

---

① 中共中央马克思恩格斯列宁斯大林著作编译局. 马克思恩格斯全集（第三卷）[M]. 北京：人民出版社，2005：632.

不足的劳动而致力于获得商品的一种现象……他使需求适应某种商标名称的产品，而不是适应'纯'产品本身"①。阿格尔认为资本主义制度下必然造成人们借由消费手段使自己获得满足，并且资本主义制度通过消费主义所倡导的高消费维持自身系统的运转。然而异化消费下的虚假需求一方面使人类自身循环在异化状态中，另一方面，自然作为维持高消费的必要材料遭受到资本主义持续的开发和污染。阿格尔认为通过"期望破灭的辩证法"使人们从消费主义价值观中清醒过来，摆脱资本的操控，重新思考自己的需求方式，从而改变把幸福等同于消费的观念。高兹和福斯特都强调建立"够了就行"（enough is enough）的消费观念。鲍德里亚在批判资本主义制度时同样对消费主义进行批判，"告诉我你扔了什么，我就会告诉你你是谁。"② 消费社会中，出于对自身所处阶级的不满，人们在广告的刺激下，沉溺于对符号的追求中而不再关注使用价值。

第四，"普遍自由"的自由观。人与自然关系之间呈现机械论的立场，正是这种立场阻碍着人们对环境的保护。福斯特强调，这种建立在个人主义基础之上的自由观念导致了个人的无限制任性，一方面赋予人类支配自然的空间，另一方面造成了人与人之间、群体之间的竞争，其本质上是反生态的，例如美国等发达国家对发展中国家之间存在着生态层面的利益纠纷。作为发达国家象征性解决生态问题的《京都议定书》的失败，福斯特认为应该抵制个人或小群体范围内的狭隘自由。

---

① 中共中央马克思恩格斯列宁斯大林著作编译局. 马克思恩格斯全集（第三卷）[M]. 北京：人民出版社，2005：495.
② 让·鲍德里亚. 消费社会 [M]. 刘成富，全志钢，译. 南京：南京大学出版社，2000：24.

福斯特要求"构建一种基于'普遍自由'的社会和人与自然的关系"①。首先，自由这个概念具有两层含义，不仅包括社会个体的自由向度，而且抛弃人类内部不同形式的划分标准，在宏观意义上将全体人类视为整体，获得整体的人的自由。为此，建立起一种普遍的自由观念，福斯特提倡要消解集团模式或群体模式下的狭隘自有概念造成的利益纠纷。其次，福斯特反对将人与自然之间的自由关系置于机械的理论场域，他强调世界的有机完整性，反对将世界割裂为相互独立的部分。因此福斯特将自然与人类社会视为完整的、不可分割的整体，取消人与之间的差异性分割。最后，"这种自由不是将其他生物从纯粹的与自然的关系以及生命可能性的充分发展中排除出去，而是把人作为有机整体的一部分与所有生物分享生命的发展。"② "普遍自由"的范围不仅包含人类社会与自然，而且包含非人类生命体，为人类自身与非人类存在物保留了生存和发展的合法权利。只有在这种自由观确立的前提下，人们才有可能终止集团利益下的无休止竞争和争夺模式，建立和谐的人与自然关系。

第五，建立新的生态文化——土地伦理，用新的道德标准要求人们纠正此前错误的活动方式。福斯特认为，维持自身生存环境的舒适性是生物的本能，动物、人类都不例外。但是"社会与自然的长期分割使人们产生了人类之生活在消费场所二手是生产场所的幻觉，以为自然可以被视为外部环境"③。土地伦理倡导人类尊重土地

---

① 福斯特. 生态危机与资本主义 [M]. 耿建新，等译. 上海：上海译文出版社，2006：52.

② 同上：59.

③ 同上：80.

及其附属物，从而把人类由土地共同体的征服者变为其中的一员，而不是将其视为人类生活环境的外在部分。佩珀指出，我们所建立的"真正的社会主义"（即生态社会主义社会）"需要一种把动物、植物和星球生态系统的其他要素组成的共同体带入一种兄妹关系"①。福斯特认为，当下人们对环境保护的道德领域缺乏足够的高度，影响环保革命的推进，建立新的生态文化或生态道德——土地伦理。

第二节　生态学马克思主义价值观理论特征

以前文列举的生态学马克思主义主要代表人物的价值观作为理论材料，结合其价值观的内涵，本书对生态学马克思主义价值观的理论特征进行分析总结。以温和的人类中心主义为基本立场，批判理性至上导致的技术主义，批判资本逻辑反生态的本性，体现出建设生态社会的价值理想。

一、温和的人类中心主义立场

在衡量人与自然价值关系的理论中，围绕前者抑或是后者作为价值核心，一直存在两种倾向——人类中心主义和非人类中心主义。双方的合理性同时被对方供给，20 世纪 90 年代以来，生态社会主义

---

① 戴维·佩珀. 生态社会主义：从深生态学到社会正义［M］. 刘颖，等译. 山东：山东大学出版社，2005：4.

强调双方的理论出发点同时被对方指责为局限之处，因此造成了二者不同理论立场的僵化对峙。人类在检讨自身对自然界态度的同时不应放弃人类自身的尺度，生态学马克思主义提倡构建新的生态伦理道德观，认为生态中心主义存在矫枉过正的倾向。人类在劳动过程中的不当活动方式确实值得反省，但是应维护人类生存发展的合理需求，不能只为了保护生态而简化人类自身生存发展的多方面需求，这将丧失人之为人的本质属性。

高兹认为，以变革生态中心主义的价值观为尺度不会对现实层面的环境保护活动产生实际的影响，因此生态中心主义只能代表一种理论上的可能性。他跳出了价值观变革解决生态危机的思路局限，反思社会制度对价值观和人类活动方式的支配作用。高兹认为生态问题的产生与资本主义制度有不可分割的联系，甚至可以说资本主义制度造成了人在实践过程中对自然的破坏。资本主义社会中，无论个人、企业还是其他的集合体，其活动方式都不能摆脱资本逻辑的影响。社会制度将对社会各个构成要素进行统合，而资本主义社会以经济发展为唯一目标，主体活动必须围绕社会核心而进行，因此个人、企业、国家之间从事社会活动以最大限度地获取利润，在有限的资源和需求中竞争，以达到利润的最大化。自然只作为外在材料，因此人类活动对外在自然界的影响无法计入人类社会的经济活动中。高兹认为，既然经济利润与社会制度直接关联，那么就不是能在生态中心主义价值观立场上解决的问题。

高兹主张反对资本主义制度下的经济原则，恰恰是通过对人类中心主义的肯定而实现的。主体的追求应当全面而丰富，不应局限在对财富累积的层面上。只有充分肯定人类中心主义，肯定人全面的需求、肯定主体性，才能意识到自身的片面性。高兹以反对资本主义经济逻辑的立场摆明了生态学马克思主义对人类中主义价值观的肯定。

休斯重新定义了人类中心主义的含义，划分为"广义的人类中心主义"和"狭义的人类中心主义"。"'广义的'人类中心主义就是将非感知自然（non-sentient nature）的价值建立在对人类生命价值所做贡献基础上的，但它不同于狭义的人类中心主义，即不单单从工具性方面看待这种贡献。"[①] 他将近代以来导致生态危机的价值观取向定义为"狭义的"，而生态学马克思主义理论所提倡的则是广义上的人类中心主义，实际上包含着"温和的人类中心主义"内涵。

虽然生态危机具有逐渐恶化且向全球范围内扩张的趋势，但是福斯特强调，趋势不等于命运，一切取决于人们的社会斗争、社会活动和所能建立起的社会组织。福斯特提倡将道德伦理规范的范畴扩大到自然界，建立土地伦理道德，将自然环境纳入属于人类的伦理范畴中，以自然人化的方式解决生态危机。也就是说，在生态问题面前，人具有与自然关系中的主动权，具有改变自身活动方式，改善人与自然矛盾的能力。

生态学马克思主义初期，格伦德曼等人理论与生态学结合较为紧密，表现出了生态中心主义的立场，而佩珀明确地将学科理论的性质定义为人类中心主义、佩珀认为，生态中心主义的立场将人类定义为自然环境的"毒瘤"，他们将人类预设为固定的、抽象的，天然与自然处于对立的存在。佩珀意图纠正对人类的错误解读，恢复

---

① 乔纳森·休斯. 生态与历史唯物主义［M］. 张晓琼，侯晓滨，译. 南京：江苏人民出版社，2011：44.

人类中心主义价值观的正确含义。他指出，人类在生产活动表现出来的对自然任意性是由资本主义制度造成的，并不能将资本主义制度中异化了的人视为人的本性，对人的活动方式和主体地位秉持彻底的否定态度。人是社会的存在物，也是自然的存在物。生态中心主义是对人类中心主义彻底的颠倒，将生态原则置于人类活动的本位，无论从理论还是现实这都是一种空想。

生态学马克思主义重新定义了人类中心主义的概念，并总体上坚持温和的人类中心主义立场。

第一，人类中心主义是人类行为活动必须具备的原则，人类的一切活动，无论是基于基本生存的还是以生存发展为目的的活动，都是出于人类自身的本能。生态中心主义的主张意味着人类要在摒弃自身的活动原则，站在以自然和生态环境中非人类存在物的立场上，将它们的目的和价值置于与人类自身平等的位置，这种主张是对人类自身存在的否定，具有反人道主义的立场。只要是以人类的视角出发，由人类作为主体而进行的活动就不得不，或者说必须带有人类中心主义的立场。

第二，把反对生态中心主义对人与自然地位的颠倒性理解作为解决生态危机的途径。如果将自然的价值和地位放置到高于人类的地步，人类不得不将自然的客观规律和生物的发展视为最高标准，在自然面前丧失了主体性，在社会实践领域也将产生恶劣的影响。佩珀认为将会在社会中形成一种反人道主义的体制，不但不具有解放自然的维度，而且会加重现存人类系统中的两极分化趋势。价值是在主客体关系之间形成的概念范畴，自然的价值以人类为前提才能够成立。"人类'利用'自然的意愿将大量地包含道德、精神和审美的价值，但它们是人类的价值，而不是从具有它自己神秘而不可接近的目的的种外在的、被崇拜的自然中解放出来的想象的"内在'价值。"①

第三，人类中心主义的合理性。"没有任何一个物种，包括我们人类在内，能够只利用环境而不改变环境。"② 生物体的生存状态必须以自然界为保障，因此生物的活动势必对生态环境造成影响。人类与自然界的物质交换是正当的、合理的需求，但是人类的活动方式受到社会制度和主流意识形态的影响，可以说当下的生态问题是由于资本主义制度下意识形态的扭曲造成的。

需要注意的是，对于近代以来理性至上衍生出来的将人类一切需求合理化，并且以工具性态度对待自然的极端人类中心主义观点，生态学马克思主义持否定态度。正如休斯所说"生态问题应该从一个广义和衍生的人类中心主义视角来评价。这一视角把所有价值看作是从人类或其他生命个体中派生出来的"③，是根据人的理性意愿来看待、改变自然的观点，即"温和的人类中心主义"。

二、批判理性至上导致的技术主义

西方社会崇尚理性，理性作为一种能力赋予了人类在理性支配

---

① 戴维·佩珀. 生态社会主义：从深生态学到社会正义 [M]. 刘颖，等译. 山东：山东大学出版社，2005：168.
② 詹姆斯·奥康纳. 自然的理由——生态学马克思主义研究 [M]. 唐正东，臧佩洪，译. 南京：南京大学出版社，2003：340.
③ 乔纳森·休斯. 生态与历史唯物主义 [M]. 张晓琼，侯晓滨，译. 南京：江苏人民出版社，2011：47.

下的活动具有合法性和正义性。因此后现代主义竭力批判理性至上的看法，他们肯定了理性在哲学史上的奠基作用，同时指出当现代主义陷入对理性的极致追求和崇拜也就为人类自身设立了新的权威和藩篱，人们被限制在名为理性的枷锁中，对于后现代主义而言他们采用一种激进的态度，主张消解理性。生态学马克思主义更大层面上继承了法兰克福学派对理性的看法，对理性至上持批判态度。结合生态危机他们认为理性的启蒙所塑造的现代性确实已经对现代人的生活造成了一定的影响，对理性在各个层面的映射，如工具理性、技术理性、经济理性进行批判。理性至上使得人类的生产过程和消费过程双方面的合理化。表现为人们对虚假需求的合理化和技术主义自信。生态学马克思主义论述了理性与技术主义的发展过程，分析影响科学技术发挥作用的社会因素。

不能将生态危机问题看作技术滥用造成的，否则将导致盲目的限制科学技术的发展。基督教教义最先萌发出"控制自然"的合理性，是人类对自然的合法统治权的表达。培根将其进一步发展，将科学与宗教划分开来，对自然的控制观念与科技联系起来，只有科技的进步才能使得人类控制自然，如此一来，科学技术的进步意味着对自然的掌控权，代表着人类社会的整体进步，自培根以后，树立起了用科学手段控制自然以促进社会进步成为现代性价值体系的核心内容。封建社会的意识形态尊崇自然主义的思维方式，用永恒不变的秩序解释阶层之间的差异，化解被统治阶级的受压迫情绪。随着资本主义的崛起，价值观方面随之发生变化，自然在资产阶级中得到了新的解读——自然能够且有义务满足人类的任意需求。

培根对科学和宗教的划分使得科学技术脱离了道德的范畴。现代科学将世界二分为感觉经验世界和本质世界，其中感觉经验世界是虚假的，本质世界才是真实的存在。科学就是对本质世界的把握，是客观且中立的，科学技术也就不具备价值属性。马克思认为，"技术展现了人对自然的能动关系，展现了他们的生活生产的直接过程，因而也展现了他们的社会生活关系以及由他们而产生的文化表现。"科学技术是人的本质力量的展现，但是技术的应用过程并不是孤立存在的，而是参与到整个社会生活当中。生态学马克思主义学者认为资本主义制度下的技术发展和应用才是导致生态危机的真正原因。而是与社会关系糅合在一起参与到整个社会生活当中。正是由于人类社会进入资本主义制度形态，导致了技术运用和生态系统之间的对立状态。

首先，技术的运用不会尊崇生态原则。技术只有进入生产领域，进入人类社会被确实地应用于生产生活，才具有现实性，否则就是知识的一种客观存在形式而已。虽然技术作为劳动力发展的一种表现方式，本身不具有社会意识形态属性。但是技术的应用总是离不开社会关系的框架，因此导致了大规模技术的使用会依附于所属的社会形态。资本主义制度下的生产活动、消费活动乃至技术的开发都必须围绕资本的增殖原则，以追求利润最大化为最终目的。资本本身具有一种类强大的力量，将一切有用性的存在物囊括到资本体系内，在虚拟的货架上为其标注价格。面对生态危机，资本尽量采用回避和敷衍的态度。资本主义社会中的社会制度、法制、意识形态、道德规范等等都围绕着资本的原则运转，一方面不可能出台真正触及资本利益的强制性法律和政策，另一方面，即使存在一种绿色技术，但是只要它的应用会触及资本主义的利益，那么这种技术也不会投放到实际使用中去。当然，假如这种绿色技术展现出了更大的利润空间，这就要另当别论了。

其次，技术与社会制度结合后，从属于社会制度，成为统治阶级手中的工具。高兹坚定地否认技术中性论，他认为"资本主义的生产和交换已经铭刻在由资本主义馈赠给我们的技术中。"① 在资本主义社会中，技术的工具属性通过两个方面体现出来。其一，资本主义利用技术手段加大对自然的掠夺。资本要求不断地扩大再生产，实现资本的复利。利润的积累不外乎两种形式，即提高生产效率和降低生产成本，而以上这两种形式都得益于技术的发展进步。由于资本主义社会有能力并且有充分的理由支持技术向符合它要求的方向发展。其二，通过技术资本强化了对人控制。高兹提出，发达国家通常拥有较高水平的科学技术手段，而生产力作为社会发展的重要层面离不开技术的支持。与发展中国家相比，发达国家表现为技术密集和较高的工业化程度，这也就意味更多的工人被现今的科技所替代，恶化了工人阶级的生存环境。对资本家而言，技术的大规模运用意味着社会生产率的提高，利润随之下降，资本家不得不陷入更新科技的循环中。越来越多的产品被生产出来，物的丰盛又引发了资本主义制造虚假的需求，诱惑工人阶级进行高消费，导致了功利主义价值观的盛行。这不仅加大了对自然资源的消耗和污染，也是科技在资本主义制度中对人的无差别控制。

最后，资本主义社会中的技术应用必须为资本的增值原则而服务，否则就会被淘汰，而新的符合资本要求的技术手段则会被顶替上来。西方绿色思潮自身没有意识到他们的理论批判实际上符合对

---

① GORZ A. Ecology and Politics [M]. Boston：South and Press：19.

资本主义制度下技术使用的批判。

如果忽视现象之间复杂的因果关系，就如西方环保主义者一样，将历史唯物主义简单地归结为技术主义，陷入对马克思的误解。生态学马克思主义价值观聚焦于技术所承载的价值观性质和技术运用的社会制度性质。脱离以往抽象谈论技术与生态环境的模式，揭示出技术批判与自然解放二者之间的内在联系。

三、批判资本逻辑的反生态属性

受到结构主义的影响，一部分生态学马克思主义学者希望挖掘结构上深层次的原因，找到生态危机的根源。他们深入挖掘生态与资本之间的关系，"将资本在实现利润最大化的过程中对自然环境的伤害降到最低程度"①。在自然和社会关系中，资本"创造出一个普遍有用的体系"②。马克思认为资本主义生产必须以自然资源以及整个生态系统为基础。马克思明确地定义了资本："资本不是物，而是一定的、社会的、属于一定历史社会形态的生产关系"③。主流的生态经济学家经调查表明，资本主义不仅消耗不可再生资源，而且将导致土地这种可再生的资源的非可持续性利用，将可再生资源转变为不可再生资源。生态学马克思主义继承了马克思的观点，对资本逻辑进行批判。第一，资本使存在的一切对象在资本面前都丧失了

① 陈学明. 资本逻辑与生态危机 ［J］. 中国社会科学，2012（11）：4-23，203.
② 中共中央马克思恩格斯列宁斯大林著作编译局. 马克思恩格斯全集（第四十六卷）［M］. 北京：人民出版社，2005：389-390.
③ 中共中央马克思恩格斯列宁斯大林著作编译局. 马克思恩格斯全集（第四十六卷）［M］. 北京：人民出版社，2005：922.

内在价值而呈现为有用性。第二，资本无限扩张与生态环境之间的矛盾。

奥康纳肯定了资本主义对资源、生态以及人类本性的破坏作用，认为马克思主义理论留下了一种生态经济学或政治经济学的朴素遗产。奥康纳将生态问题融入历史唯物主义理论和资本主义积累和经济危机中，他指出资本主义除了马克思所论述的生产力与生产关系的矛盾，还存在"资本主义的第二重矛盾"，即生产力、生产关系与生产条件之间的矛盾。第一，资本主义的生产方式将对整个生态系统产生破坏性的作用。"自然界是资本的出发之点，但往往并不是其归宿之点"，"自然界对经济来说既是一个水龙头，又是一个污水池"①。然而讽刺的是，资本主义的发展不可能实现与生态系统的脱离，那么就意味着资本主义对生态环境所造成的损害最终成为资本主义发展的限制。第二，资本主义的生产、分配、交换和消费的整个过程以经济增长和获得利润为终点。自然作为生产活动的起点提供原材料，那么意味着在资本主义生产体系中，无论原材料的价格发生什么样的变化，资本主义发展过程将伴随着资源的大量消耗和越来越严重的环境污染，奥康纳认为这是由资本逻辑所决定的。

阿格尔指出资本逻辑造成生产活动、消费活动都在发生无止境的扩张，观察社会发展趋势，生态危机将会成为最重要的社会问题。阿格尔认为异化消费就是资本逻辑在消费缓解的延伸现象。社会生产率的普遍提高，为了解决资本逻辑下的过剩生产，资本用其专横的力量从意识形态上打破了传统社会中的供给需求。建立异化消费

---

① 詹姆斯·奥康纳. 自然的理由——生态学马克思主义研究 [M]. 唐正东，臧佩洪，译. 南京：南京大学出版社，2003：296.

扭曲人对需求的理解，使人们形成了"劳动--闲暇"二元分离，这是人们自身异化的一种表现形式。资产阶级通过控制人们的消费需求，使得劳动人民在消费活动中获得疏解和满足，一方面是人们沉迷于消费活动，丧失无产阶级的革命意志，另一方面通过异化消费行为满足再生产的条件并且延缓经济危机的出现。阿格尔从消费领域发生的异化消费行为说明资本逻辑对人的异化作用。

福斯特提出资本主义是"一个自我扩张的价值体系"①，无限制的追求利润的增长。第一，资本无限扩张和逐利的本性将超过自然原本的承受能力，破坏了人与自然之间的和谐关系。第二，资本将自然的价值限定于经济价值，自然成为虚拟货架上的商品，资本建立起了由自然存在物组成的市场，人们可以用货币形式使自然界中的生态问题得到置换，最直接的表现是可以用金钱购买环境污染的"额度"。人们会出于对成本控制和利润回报的考虑在一定时期内有意识地减少对环境的污染，看似能够缓解生态危机，但是长久来看会损害生活和生产。他肯定了马克思所提供的生态唯物主义的自然观和生态唯物主义的历史观，通过"新陈代谢的断裂"，揭露了资本的反生态本性。并且强调，不仅自然受到了资本逻辑的损害，而且对无产阶级而言，不但要受到资产阶级的压迫，也受到了"土地和死的事物对大多数人的统治"。②

高兹将生态危机的爆发归结于资本逐利的本性。他认为经济理性造成了资本主义的经济危机和生态危机，是理性进入生产逻辑和

---

① 戴维·佩珀. 生态社会主义：从深生态学到社会正义［M］. 刘颖，等译. 山东：山东大学出版社，2005：29.
② 中共中央马克思恩格斯列宁斯大林著作编译局. 马克思恩格斯全集（第四十二卷）［M］. 北京：人民出版社，2005：85.

社会生活后的失控。"把经济理性的统治扩充到生活和劳动的所有领域，这种经济理性借助于市场的逻辑肆无忌惮地显示自己。"① 资本本身崇尚"越多越好"的原则，这是对传统社会"够了就行"的颠覆，奥康纳、福斯特、阿格尔等人认识到资本主义反生态的本性，高兹实际上沿着这条批判的道路走得更为深远，结合马克思批判资本主义生产方式的理论，高兹认为资本主义社会下将经济理性全面渗透到社会领域。

实际上，马克思认为，资本主义中使用价值服从于交换价值，也就是生产的目的是追求利润，而非投入使用。奥康纳则认为在资本主义的第二重矛盾中，使用价值在一定程度上与交换价值处于同等重要的地位。因为资本主义社会中重视交换价值，导致其掩盖了使用价值背后的人类的真实本质。拨开迷障，属于人的部分也就被揭示出来。生态学马克思主义区别于其他绿色思潮和生态学的不同之处在于，直面资本逻辑，而不是单单从人类中心主义的价值观上进行批判活动。阿格尔指出"从资本主义的扩张动力中来寻找挥霍性的工业生产原因的。它并没有忽视阶级结构"②。

总的来说，生态学马克思主义对资本逻辑的批判体现了对资本操纵下扭曲的价值观的批判。第一，机械看待人与自然关系。近代以来形成的机械的自然观导致人们使用一种看待他物的方式对待自然，消解自然的内在价值的同时也消解了自身的部分价值。能够运用科技手段开发自然，成为自由的标准，导致了人与自然之间的矛

---

① GORZ A. Capitalism, Socialism, Ecology [M] London and New York：Verso Press，1994：39.

② 本·阿格尔. 西方马克思主义概论 [M]. 慎之，等译. 北京：中国人民大学出版社，1991：420.

盾。第二，批判资本主义社会中功利主义的价值观。货币作为可计量的标准用来衡量价值，甚至资本主义制度下提出的保护环境的制度也是采用为自然标价的方式，期望能够达到控制污染、保护环境的目的。马克思主义理论揭露了城乡对立下，工人阶级和失去土地的农民恶劣的生活状态。生态学马克思主义者也注意到了这点，他们认为当自然环境变为了可以定价的商品，那么生态破坏造成的环境污染、空气、水等作为生活必需的资源都由穷人和无产阶级来承受，这将是资产阶级所造成不平等的一种新的表现形式。

四、憧憬生态社会主义的价值理想

生态学马克思主义从分析和结构两个角度追问当前社会存在的生态危机的根源，揭示了资本主义制度、经济、价值观方面的弊端。归根究底，这是现代社会中理性失控的一种表现，而终止经济理性、技术理性要从改革生产力、生产关系和构建新的价值观开始，建立生态社会主义社会。

第一，资本主义社会下的经济发展具有天然的反生态性质，因此要转变经济发展模式。早期生态学马克思主义主张经济发展"稳态化"的零增长。稳态化的经济发展指的是，在满足人的健康的需求基础上，最大限度地减小生产过程中对自然可能产生的负面影响，在发展经济的同时促使人与自然达到一个相对的平衡点。生态学马克思主义提倡对生产采用集体控制的方法，解决资本主义下无序生产带来的生产浪费。生产从个人行为变为集体行为，既能达到保护环境的目的，也能解决人与自然之间存在的新陈代谢断裂。他们努力保证集体计划的实现，指出公平、民主必须在国家有计划地宏观调控下才能够得到保障。20世纪90年代，奥康纳提出"稳态经济"不足以适应当下现实，提出了适度发展的概念。奥康纳对生态危机的认知不局限于发达国家，而是将第三世界国家的情景考虑在内。他提出，对于第三世界国家等经济欠发达地区而言，经济发展仍是社会发展中的紧要问题，它们需要用经济的发展消除普遍性的贫困。生态危机的问题覆盖全球，贫困地区更多地承担了生态危机造成的污染，并且当地破坏了的生态环境对生存和经济发展造成了一定的阻碍。福斯特提出以人为本的发展观，否定以量的积累为标准的经济发展理念，"必须强调满足基本需求和确保长期安全的重要性"①。生态学马克思主义理想的经济发展目的明确地由利润变为了人本身。

　　生态学马克思主义认为"稳态经济"发展与分散化相统一，角度却不尽相同。集中的生产和生活意味着需要一个庞大且复杂的系统，而这个系统的维持则必须依赖于高密度的能源消耗。莱斯提倡在生产、技术、城市人口等问题上的"分散化"处理。阿格尔则认为要在生产过程和政治结构上实现"分散化"和"非官僚化"。

　　第二，建立生态文明，抛弃虚假需要。生态学马克思主义希望能取代工业文明，建立起新的、全球性的生态文明。弗洛姆认为人的生存有两种意义，即占有和存在。所谓占有的生活方式，指的是人与世界处于主体和所有物之间的关系，人与他周围的人和物则是属于自己的财产。因为对他人来说，主体也是物品，所以社会之间存在的只有物与物的关系，而没有生命关系。资本主义制度下，人

---

① 福斯特.生态危机与资本主义［M］.耿建新，等译.上海：上海译文出版社，2006：75.

与自然、人与人之间都被异化为所有关系，资本主义下私有制合理且合法，也是资本主义机制能够维持运转的基本保障。马克思曾经在《共产党宣言》中对资本主义私有制进行了批判。他认为在资本主义制度下，土地、资源甚至家庭都被异化为财产的关系，将人自身与世界分割开来，形成了对立。所谓存在的生存方式，是指人在世界中与世界保持一种确定的关系，能够揭示出事物或人的真实属性。这是一种主动地存在方式，对于人而言，人能够真正地实现自由、理性，掌握人的主体性，是每个人所能体验到的一种真实的存在，能够激发人们分享、感受的意愿。主体由无意识状态到主动选择的转折，创建生态文明，摒弃旧的工业文明，意味着人类历史上首次以应然选择的方式建立社会文明形态，建立起人与世界之间的有机生命关系，使人与自然统一起来。

　　无论是生态学马克思主义还是绿党，在构建社会形态的同时，为新的生态文明配置新的价值观，并没有忽视价值观建设。绿党提出"十大关键价值观"的概念，即生态智慧、尊重多样性、权力下放、社群为本的经济、社会正义、基层民主、非暴力、女性主义、个人与全球责任、可持续性，表达出对生态社会的价值诉求。① 生态学马克思主义批判了资本主义制度下的虚假消费，重塑人们扭曲的价值观。人的真正的满足在于生产活动而不是消费活动，应该取消物的交换价值，恢复劳动产品的本来面貌。生产不再是为了利润和货币。

　　奥康纳提出建立生态社会主义，"这种社会以对生产手段和对

---

① 丹尼尔·A.科尔曼. 生态社会的价值观［M］//杨通进，高予远. 现代文明的生态转向. 重庆：重庆出版社，2007：379.

象、信息等的民主控制为基础，并以高度的社会经济平等、和睦以及社会公正为特征"①，资本的逻辑从社会关系中抽离开来。阿格尔认为，首先通过期望破灭的辩证法，使人们从普遍性的消费主义生活方式中走出来，能够对社会发展模式、生产发展方式产生正确的认识。其次，从限制生产角度出发，在生产过程中实现结构分散化和非官僚化，从资本主义向社会主义转变，以此抑制工业背景下的大规模集中生产而又不至于使经济发展倒退。阿格尔倾向于瓦解资本主义结构上对个人高消费模式的鼓励，把生产和消费的自主权返还到个体手中。"寻求把商品消费作为其满足手段的途径。"②

生态学马克思主义的设想基本上采用共同体代替资本主义市场中自由竞争的混乱状态，是对资本主义制度下扭曲的价值观、政治制度、生产方式全面的颠覆，解放资本对人与自然的桎梏，恢复两者的本来面貌，而生态问题也会随之得到解决。

---

① 詹姆斯·奥康纳. 自然的理由——生态学马克思主义研究 [M]. 唐正东，臧佩洪，译. 南京：南京大学出版社，2003：525-526.

② 本·阿格尔. 西方马克思主义概论 [M]. 慎之等译. 北京：中国人民大学出版社，1991：506-507.

第五章

历史唯物主义视域下对生态学马克思主义价值观的评价

第一节　生态学马克思主义价值观的进步性

生态学马克思主义不仅是西方马克思主义发展的证明，也是马克思主义理论聚焦到生态危机下的产物。生态学马克思主义价值观的进步性在于挖掘了马克思主义理论内蕴含的生态思想，反思近代以来理性至上的思维传统，批判资本增殖逻辑下的功利主义价值观，实现了对传统历史唯物主义的丰富。

一、生态学马克思主义对马克思生态思想的挖掘

在西方哲学界，长久以来对马克思主义哲学的思想存在普遍性的误解。他们认为马克思和恩格斯本人更重视生产力和生产关系之间的辩证关系而忽视生态问题，因此认为马克思主义理论中没有生态思想。还有观点认为历史唯物主义是机械唯物主义，将其等同于

机械决定论和技术决定论。生态学马克思主义通过挖掘马克思、恩格斯文本，经过系统论证，得出了马克思主义理论中包含生态思想的肯定回答，给予绿色批评家有力的回击。这为运用马克思主义理论解决生态危机、实现人与自然和谐发展奠定了坚实的理论基础。生态学马克思主义学者认为只有在历史唯物主义的生态视域下，对资本主义制度所造成的生态危机的批判才具有合法性。

福斯特明确肯定了马克思的唯物主义具有丰富的生态学思想，并做出至今为止最全面、最系统的辩护。"马克思的世界观是一种深刻的、真正系统的生态（指今天所使用的这个词中的所有积极意义）世界观，而且这种生态观是来源于他的唯物主义的。"① 而马克思对自然的关怀通过对唯物主义的方式来表达。首先，福斯特认为马克思的唯物主义自然观能够表明马克思主义理论包含着丰富的生态内容。福斯特认为以何种方式看待自然和人是生态理论不能回避的问题，而马克思的唯物主义自然观为正确看待人、看待自然提供了理论基础。福斯特指出，马克思所说的实践活动要以自然作为先在条件，并不是脱离了自然规律的主观任性。而马克思所说的"统治自然"也是以自然有限性、客观性为前提的实践活动，鼓励发挥人的主观能动性。其次，福斯特认为马克思在与各种思潮交锋的过程中形成了唯物主义历史观。马克思认为人与自然之间并不是天然的对立，资本主义制度才是造成人与自然紧张关系的原因。他强调人与自然之间的互相作用，提出了"人化自然"的概念，表明了唯物主义历史观中人、自然、社会的有机统一。

---

① 约翰·贝拉米·福斯特. 马克思的生态学：唯物主义与自然 [M]. 刘仁胜，肖峰，译. 北京：高等教育出版社，2006：3.

　　福斯特最大的贡献在于对马克思"新陈代谢断裂"思想的深入解读。他认为马克思在构思其哲学思想的同时，全面搜集了关于 19 世纪资本主义制度的资料，其中包括了资本主义生产方式对环境造成的影响。马克思在这方面的深刻见解来源于他对 17 世纪的科学革命和 19 世纪的环境所进行的系统研究。化学家李比希提出用"新陈代谢的断裂"解释工业化大生产造成的土地肥力流失。马克思的杰出之处在于用"新陈代谢断裂"的概念形象地表达了资本主义生产方式对人类赖以生存的自然环境所造成的伤害，并且强调"新陈代谢断裂"的发生场是资本主义世界。福斯特认为马克思揭示了资本主义下人与自然之间发生的异化，以马克思的历史唯物主义作为方法论，证明了解决生态危机是一场触及资本主义制度的革命。

　　生态学马克思主义者对"需要"的理解更为深入。他们主张将人类的需求等级进行划分，批判资本主义制造的异化消费，希望能够消灭异化消费对人和对生态环境造成的沉重负担。他们认为生产和消费活动应满足人的基本需求，消除不正当的需求和消费行为。阿格尔对生态危机问题的分析和解决途径都沿用了马克思的辩证法。首先，虽然阿格尔提出生态危机已经取代了经济危机，他实质上"努力揭示生产、消费、人的需求、商品和环境之间的关系"①。阿格尔认为，经济危机理论在当前社会条件下的失效并不意味着否定历史唯物主义的科学性，而是启发我们将马克思的辩证法与当下社会现实相结合，使辩证法更具有活力。其次，阿格尔认为异化劳动和异化生产导致了异化消费，而异化消费所导致的炫耀性消费实质

---

　　① 　本·阿格尔. 西方马克思主义概论 [M]. 慎之，等译. 北京：中国人民大学出版社，1991：486.

上是对自然资源的浪费，会加剧生态危机。阿格尔期望通过"期望破灭的辩证法"使消费者继而对资本主义进行社会主义批判。所谓"期望破灭的辩证法"，即人们对工业繁荣的景象的破灭。回过头看，马克思认为异化劳动发展到极致是克服异化劳动的途径。

"人的最终满足在于生产活动而不在于消费活动"，这同样是对马克思主义理论的发掘。马克思认为人与动物之间的根本差别是人能够自由自觉地活动——劳动，这也是人之为人的根本属性。因此马克思认为人们能够在劳动中从事创造活动，劳动才是人的本质属性的表达途径。马克思批判资本主义制度下发生的异化造成了人的自身异化、劳动活动异化、劳动产品异化以及人与人之间的异化。莱斯与马克思的思想呈现高度一致，他最先提出了"人的最终满足在于生产活动而不在于消费活动"，并指出对现有消费观提出批判并希望恢复人类生产活动原本面貌。

高兹以马克思对资本主义生产方式的批判为养料，从中获得极大的启发，对经济理性进行批判。资本主义将经济价值视为最高目标和追求，"只是留下个人之间的金钱关系，留下阶级关系，留下人与自然之间的工具关系"①。高兹认为，马克思揭示出了资本主义制度割裂了人与自然之间原本和谐的关系，造成了双方的异化形式，因此引发了生态危机。一方面，资本主义制度下受到经济理性的支配，人与自然之间的关系转变为由人所主导的关系，自然被降格为工具；另一方面，高兹认为马克思的异化劳动思想仍然具有效力，资本主义生产方式下造成了人与劳动活动本身都发生了异化。高兹对经济理性的阐述与马克思的资本主义批判理论具有一致的理论内

---

① GORZ A. Critique of Economic Reason［M］. London：Verso，1989：116.

核。另一方面，高兹设想未来人类社会能够超越经济理性转而建立生态理性。也就是人们能够从异化消费的情境中走出来，脱离资本逻辑。闲暇与劳动结合起来，使人们在工作中恢复作为人的自主性，从而在工作也就是劳动中获得本质确证。

奥康纳认为马克思主义理论中"具备一种潜在的生态学社会主义的理论视域"①。奥康纳的理论贡献在于两点：第一，将"文化"和"自然"维度补入生产力和生产方式中；第二，资本主义社会中存在双重矛盾——生产力和生产关系的矛盾以及生产力、生产关系和生产条件之间的矛盾。他认为人与自然之间的矛盾是由资本的无限制生产方式所引起的必然现象。文化和劳动在马克思的理论中被简化了，但是作为连接人与自然的桥梁，是在面对生态问题不得不恢复且值得重点关注的内容。学界存在这样一种观点：奥康纳的理论是针对当代后工业社会中生态危机的解答，是对历史唯物主义实践活动在生态视域的拓展。

休斯对西方绿色思潮对马克思是否具有生态思想的种种质疑予以回应，捍卫了马克思主义理论的生态属性。西方绿色思潮普遍存在对历史唯物主义理论生态意蕴的误解，他们将马克思视为反生态主义者、技术决定论者。休斯以理论对话的形式回应了他们的观点，并且阐明了历史唯物主义与生态学理论的内在同质性。首先，休斯将人类中心主义做出了概念上的区分，坚定了生态学马克思主义人类中心主义理论立场。其次，休斯整理了马克思和恩格斯对马尔萨斯自然限制理论的反驳和质疑，揭示了马尔萨斯的资本主义倾向，并且为马克思和恩格斯正名。最后，休斯阐述了历史唯物主义的生

---

① GORZ A. Critique of Economic Reason [M]. London：Verso，1989：6.

产力理论，表明生产力与社会关系的相互作用以及生产力、科学技术和生态危机之间的关系，否定了绿色批判家对生产力发展的盲目否定，并指出发展生产力的必要性。只有充分发展生产力才能为社会进步提供条件和保障，为发展自由、全面的人创造现实条件。

生态学马克思主义者从马克思主义文本出发，破除西方学者对马克思生态思想的误读。从内容上看，以马克思自然先在性的理论基础，围绕马克思对人与自然关系的论述建构生态学马克思主义理论；挖掘马克思对生产、消费、需求、生产力、科技的论述，提出对资本主义制度的挑战；以社会主义和共产主义为价值理想，取消私有制，建立人与自然和谐共处的生态社会。从方法论上看，以辩证的视角看待人与自然、生产力与生产关系，对抗资本逻辑。

二、对近代以来理性至上传统的反思

西方社会具有尊崇理性的传统，从希腊人开始，以知识作为最高理想。中世纪经院哲学的发展使人们在理性思考的领域建造起来了一个完整的精神世界，形成了自然与精神两个互相对立的领域，这种思维方式上的改变深刻地影响了西方生活，表现为理性造成的世界二分。因为理性是一种能力，它具有自明性的预设，也就是说凡是从理性出发的行为都是对的。理性也是抽象的，因为理性面对概念不是在感官经验，理性不具备对现实生活进行价值判断的功能。在哈贝马斯看来，理性在现实生活中的问题在于人类把理性看作是与生俱来的认知能力。近代以来人在主体意识框架内理解和运用理性，强调理性是主体对客体的干预能力，因此造成了理性和自由、个人和社会、情感合理性之间的矛盾。

　　某种程度上，生态危机可以看作是理性的不合理运用而导致的问题。生态学马克思主义将生态危机的产生归结为五种具体的表现形式：（1）资本逻辑导致生态危机，（2）科学技术的不合理运用导致的生态危机，（3）异化消费导致生态危机，（4）控制自然观念导致生态危机，（5）生态殖民主义导致生态危机。生态学马克思理论对资本主义社会下的制度批判、技术批判、价值观批判，包含着对近代以来所形成的理性至上思维方式的反思维度，表现为对工具理性、经济理性、技术理性以及理性进入消费领域后的批判。

　　生态危机的出现引发了人类对自身活动方式的集体性反思，人类开始重新审视人与自然之间的关系。奥康纳梳理了"自然"概念内涵在人类历史上的演变过程。随着资本主义的早期发展，自然之于人类失去了早期有机、整体的意义，自然逐渐被解构为各种要素组合起来的机械化集合体。理性至上的思维方式制约着人类对自然的态度，自然被人为地与人自身分离开来，人类在实践过程中将自然作为可控制、可使用的工具。福斯特揭露了新古典环境经济学家为了将环境纳入市场体系而为地球估算成本的做法。奥康纳也指出，"人类变得习惯于在不断开拓和发展新的物质财富形式的名义下以自然规律的主人自居"[①]。工具理性与资本主义生产方式结合，最大限度地追求利润，无视自然的内在价值和有限的承受力导致了人与自然之间的紧张关系。

　　事实上人与自然之间的对立关系在相当长的时间已经确立起来，

---

① 詹姆斯·奥康纳. 自然的理由——生态学马克思主义研究［M］. 唐正东，臧佩洪，译. 南京：南京大学出版社，2003：7.

但是生态问题上升为威胁人类生存的危机，是在社会形态转变为资本主义，特别是进入垄断资本主义后发生的，从中可以推测，生态危机与资本主义存在某种可能性的关联。福斯特认为，资本主义要求在有限的生产条件下实现无限的扩张势必造成全球范围内的环境问题。高兹认为，资本主义社会中的经济理性以核算作为突出特征，一切存在，包括生产力、自然资源等的价值等同于价格，而经济理性下要求人们尽可能地进行消费活动，"经济理性突破了'够了就行'的原则，崇尚'越多越好'的原则"、高兹认为，经济理性下一切都可以纳入核算的体系下，以财富量化积累作为标准，追求高效率的回报。然而经济理性已经超出商品行为的范畴，进入到人们的生活领域之中，使人与人、人与自然的关系发生了异化。高兹用马克思印证了自己的观点，"在马克思眼里，经济理性就是要扫除所有从经济的观点来看是不合理的价值和目标，而只留下人与人之间的金钱关系和阶级关系，只留下人与自然之间的工具关系"①。经济理性深入到社会生活中，金钱关系替换了一切其他的关系，造成了理性消解人性的结果。高兹认为工具理性与经济理性具有相同的本质。他们都采用了一种数学化的思维模式，缺乏主体拥有的能动的、反思的维度。

生态学马克思主义批判理性与技术结合产生的科技理性。人们认为可以依赖理性、运用科技手段有效控制和治理生态问题。福斯特认为依靠资本主义下的科技手段解决生态危机是不可能的。发达的资本主义经济体中，更倾向于开发绿色能源、提高能效等技术手段解决生态问题，福斯特反驳道："能解决问题的不是技术，而是社

---

① GORZ A. Critique of Economic Reason [M]. London：Verso，1989：19.

会经济制度本身。"① 资本主义社会中，科技的发展扩大了人类对自然环境的损害，但需要注意的是，生态学马克思主义并不认为科学技术应用所产生的消极后果是技术本身的固有属性，技术造成的一系列影响显然与应用的"外部环境"息息相关，科学技术发展和运用的过程中失去了主体的尺度，并按照资本主义的逐利要求进入生产，从而科技的应用具有了阶级性。

阿格尔阐释了理性进入消费领域后对人造成的影响。由于人们对理性的盲目自信，导致人们相信通过运用理性能够得到正确的结果并且不加质疑。理性进入消费领域造成了两种后果：第一，人们对被异化了的消费需求产生了合理化的错觉。异化消费下的需求是虚假的，是被资本操控了的需求。但是异化消费的产生源于经济理性，对理性的绝对崇拜引发了一系列由理性衍生的理念的肯定，人们对整个异化消费的争议性深信不疑。第二，人们相信能够在消费领域获得真正的满足。人们相信自身的需求来自理性，而没有区分"真实的需求"和"虚假的需求"。然而资本主义制度下人的需求包括为了维持资本主义系统的运转所制造出的"虚假需求"，人类通过满足"虚假需求"而进行浪费式消费加剧了对自然的剥削，加剧了生态危机的严重程度。

生态学马克思主义针对理性至上思维，展开了对工具理性、经济理性和技术理性的批判。对理性的极度推崇造成了资本主义制度下，经济理性、工具理性、技术理性对人类社会生活的危害，导致人与自然关系的异化和"生活世界的殖民化"，使人的思维方式技术

---

① 约翰·贝拉米·福斯特. 生态危机与资本主义 ［M］. 耿建新，等译. 上海：上海译文出版社，2006：95.

化，行为方式以狭隘的人类中心主义为标准，最终人丧失了自主性。但这并不意味生态学者马克思主义者站在了与理性相对立的立场。他们对理性本身予以肯定态度，并将未来解决生态危机和理性失控的期望寄寓理性本身，希望人们运用理性潜能去建立生态理性。

三、对传统历史唯物主义的丰富

为了解决生态危机，学界开始尝试将生态学与马克思主义理论结合。在继承了马克思历史唯物主义的基础上，挖掘马克思的生态学思想，并将其运用于分析和解决生态问题。由于马克思所处社会阶段的特殊性，将研究重心放在资本主义制度下的阶级压迫问题上。资本主义的发展处于相对粗放的阶段，技术展现出了作为生产力的推动能力，自然资源相对充足，虽然存在着一定的生态问题，但也都处于零散、小范围内。在生态学当代学者看来，包括绿色批评家和部分生态学马克思主义学者，马克思主义理论面对生态问题，不可置疑地存在着理论空场或失效的问题，因此有必要结合当下社会发展情况对历史唯物主义理论进行重构，需要从生态学角度重构历史唯物主义，开启历史唯物主义的生态学视域。只有这样才能有效地解决生态危机，视为对马克思主义理论的丰富和延伸。

（一）休斯对历史唯物主义的解读

休斯不同于其他的生态学家，他的贡献在于从生态的角度解读历史唯物主义，从生态角度论述生产力、人与人的关系、价值观等内容，有力地驳斥西方绿色思潮和部分生态学马克思主义者对马克思历史唯物主义的误读。

首先，对历史唯物主义自然限制的误读。休斯认为西方绿色理论批评家没有正确、深入地理解马克思主义理论，他们单就马克思对马尔萨斯人口论的批判认定马克思主义的反生态倾向。休斯认为，马尔萨斯以数学模型的方式论述人口增长和生活资料之间的关系，希望以控制人口数量的方式保持人口与生活资料相平衡。马克思主义理论从马尔萨斯理论意识形态性出发，反对忽视制度前提，机械地将人口增长和自然资源对立起来的做法。休斯认为马克思并非直接否认自然有限性，历史唯物主义认为，人与自然相互依赖，二者之间存在着辩证的联系。人类能够通过社会生产方式改变自然，但是人类的活动同时处于自然限制下。

其次，对历史唯物主义发展生产力思想的误读。环保主义者认为当代环境问题的产生与生产力的发展直接相关，更有甚者将技术等同于生产力，将环境问题归咎于技术的发展。而马克思对生产力的发展表现出积极和乐观的态度，将生产力发展视为构建未来共产主义社会的必要条件。由于马克思支持发展生产力，因而被视为"技术决定论"，具有反生态性。休斯认为马克思没有为生产力下一个具体的定义，但是将生产力等同于技术是不准确的。生产力是人类在实践活动中表达出来的改造自然的能力，包括劳动力和生产手段。技术只是生产力表现的一种形式。休斯指出，生产力不仅节省社会必要劳动时间，更大程度地解放人，同时生产力作为人的本质力量的表现形式之一，标志着人类的实践活动具有更大的效力。休斯认为生产力只有发展到一定程度，才能对社会结构的改变产生一定的促进作用。历史唯物主义主张共产主义社会必须建构在丰富的物质基础上，但休斯认为马克思指出了物质丰盛的条件，却不是无限增殖的生产，一旦达到了满足需要的水平，马克思主义强调要减轻劳动负担。休斯认为马克思孤立科技发展的目的在于发展生产力，并且在共产主义社会下的技术使用可以有效地解决生态问题。环保主义者脱离社会制度，局限于古典经济学家的思维方式，造成了对历史唯物主义的片面性理解。

（二）奥康纳对历史唯物主义的重构

奥康纳认为马克思的历史唯物主义缺失了自然和文化的维度。历史唯物主义认识到人类发展与自然之间的辩证关系，说明其理论具有潜在的生态社会主义理论视域，但是奥康纳认为历史唯物主义中的生态思想内容不够丰富。马克思将人与自然之间的交互置于对人类社会结构的考察视域下，将其视为生产力和生产关系相互作用。奥康纳认为马克思对人类社会和自然之间的联系缺乏必要的环节，因此历史唯物主义在解释当代生态问题的过程中出现了理论空场。而奥康纳所做的工作则是在历史唯物主义的理论构架上，为解释生态危机搭建基础条件。历史唯物主义"不仅要立足于对工业技术、劳动分工、财产关系以及权力关系的研究，而且要立足于对具体的、历史的文化和自然形式的研究。"① 生产力和生产关系是由人类主体构成并参与其中的社会要素，而主体参与的活动则不可避免地具有了主体性。表现为在不同的区域，不同的生产方式会形成特定的文化、习俗，进而影响到人类的存在方式和精神意识。

（三）阿格尔对历史唯物主义的丰富和重构

阿格尔通过修正马克思对社会经济危机的预测来重构历史唯物

---

① 詹姆斯·奥康纳. 自然的理由——生态学马克思主义研究［M］. 唐正东，臧佩洪，译. 南京：南京大学出版社，2003：51

主义理论。阿格尔认可历史唯物主义的科学性，并且在自己的理论中应用了异化劳动和辩证法的理论内容，用于分析当代社会的生态问题和异化消费现象。阿格尔通过重新使用辩证法，使其在指导实现人类解放的最终目标过程中富有更大的生命力。阿格尔则是通过改造历史唯物主义的危机理论，主张"今天的危机理论既强调资本主义的内在结构矛盾（导致马克思称之为利润率下降的矛盾），又强调发达资本主义加深异化、分裂人的存在、污染以及掠夺自然资源的趋势"[①]。本·阿格尔是以资本主义社会的消费异化批判为重点的。

阿格尔对异化消费和异化消费所引起的生态压力的分析，引发了关于改组发达工业资本主义社会问题的思考，提出了既适用于生产过程又适用于社会结构的"分散化"和"非官僚化"概念。阿格尔希望通过控制生产和分配的过程，降低资本主义工业社会下成熟的大工业生产能力，在这个降低大工业产能的过程中改变法国资本主义社会的经济、政治制度。

阿格尔认为现代化机械大工业的集中生产模式对生态环境造成负担，提出用分散化、非官僚化的机制代替之。阿格尔提出了一条与马克思主义完全相反的道路，以分散化打破资本主义制度对人意识形态的操控。阿格尔已经看到资本主义大工业背景下对人、对自然的损害，他从结构入手希望以一种资本主义相反的形式打破当下局面，使人们摆脱歪曲的意识形态对人的摆布。阿格尔通过分散化的小规模生产促进部分人觉醒意识，但是他忽视了历史发展的规律。

---

① 本·阿格尔. 西方马克思主义概论［M］. 慎之，等译. 北京：中国人民大学出版社，1991：414

资本主义特别是进入垄断阶段的资本主义已经开始了全球化的进程，在这种社会背景下，小规模的技术生产或被合并，或被逐出市场。因此阿格尔的设想只能是一种空想。

（四）福斯特对历史唯物主义的丰富

福斯特与其他生态学马克思主义学者显著不同，他通过对马克思经典著作的研读，重新理解自然观和历史观概念并在此基础上分析生态问题。他认为历史唯物主义本身就包含了对生态内容的阐述。强调虽然马克思的理论重点从前期到后期存在着转向，但是自然的先在性一直贯穿历史唯物主义理论。福斯特以生态问题作为切入点，运用历史唯物主义的方法指出，能够解决生态危机的最终途径只能是变革资本主义社会制度。生态危机的根源在于资本的增殖逻辑。资本看重交换价值，以追求利润为目的。因此在福斯特看来，资本的无限扩张必然与自然的有限性形成紧张关系；资本追求高效的投资，因此更注重短期回报而无长远规划，更加剧了生态危机的隐患；资本主义"踏轮磨坊式的生产方式"在全球范围内的扩张将扩大生态问题。资本的反生态性造成了"新陈代谢断裂"，福斯特认为马克思以此揭示资本主义制度和生态可持续发展之间的必然矛盾。

对历史唯物主义，生态学马克思主义理论内部之间存在明显的差异。奥康纳认为只有引入了自然和文化概念的历史唯物主义理论才具有生态域，福斯特则在多部著作中肯定了历史唯物主义的生态意蕴。因此，福斯特通过对马克思原著的挖掘和解读确证自己的观点，从历史观和自然观的角度证明马克思生态思想的在场。奥康纳用文化、劳动、自然相结合的方式强化历史唯物主义理论中人类系统与外在自然界的联系。阿格尔将社会问题从经济领域切换到生态领域，研究异化的消费对生态环境造成的负面影响。奥康纳更多地关注的是现实的社会生态政治实践，将丰富了的历史唯物主义与社会实践相结合，拓宽了生态学马克思主义理论的维度。

四、批判资本增殖逻辑代表的功利主义价值观

马克思揭示了资本对自然和社会造成的影响，批判资本"创造出一个普遍有用性的体系"①，奥康纳称之为"资本的效用原则"。此外，在资本的效用原则下，资本将一切囊括在其范畴下的存在物变为工具，对资本而言，以有用性作为物的唯一属性。生态学马克思主义认为，资本将自然看作"有用性的物品"。自然界中的一切可用存在都被称为"资源"和"原料"，用于资本主义生产过程，以转换为利润变为生产的最终目的。资本对利润的追求，造成了人的世界和自然界固有价值的虚无，人与人之间、人与自然之间的异化。

在高兹的文本中，将资本主义的增殖原则表述为"越多越好"的原则。在传统社会中，人们的生产活动是为了满足实际需要的存在，人们从文化的和存在论的范畴内看待"需要"。奥康纳认为，资本无限增殖造成了资本主义的第二重矛盾，即资本主义生产无限扩大的趋势与自然界承载能力有限性之间的矛盾。以增殖为原则的资本主义，随之带来的是功利主义价值观的形成。资本只会追求利润的积累，打破了前资本主义社会中的价值观。高兹认为人们对需求和价值的判断已经发生了偏离，"这种获得商品的过程并不是直接使

---

① 中共中央马克思恩格斯列宁斯大林著作编译局. 马克思恩格斯全集（第三卷）[M]. 北京：人民出版社，1965：389.

需求与商品的通常外观对上号。这一过程要复杂得多，它是需求适应某种商品名称的产品，而不是适应'纯'产品本身。"① 阿格尔用异化消费来表达对功利主义价值观的批判。

马克思认为无论是人还是社会，价值理想都不应以物的占有为标准。人生活的目标应该具有精神、文化等更丰富的价值追求。生态学马克思主义从生态角度批判资本逻辑放任盛行的功利主义价值观，是对历史唯物主义生态角度内容的丰富和发展。

第二节　生态学马克思主义价值观有待完善之处

在当代社会，如果要撇开生态因素孤立地研究社会发展问题，那么，失去了作为前提的自然环境的社会发展不可能是"可持续性"的发展；离开生态因素孤立地研究社会发展的研究方式，在本质上仍然属于西方近代主体形而上学的研究方式。因此，从生态哲学的视角重新考察社会发展问题是成立的。只有在哲学的层次上进行研究，才能使马克思主义和生态问题跳出彼此对峙的僵化立场。以生态问题作为整体理论构架的起点和归宿，生态学马克思主义理论存在着一些不完善之处。

---

① 本·阿格尔. 西方马克思主义概论 [M]. 慎之，等译. 北京：中国人民大学出版社，1991：495.

一、对马克思唯物主义哲学的片面化理解

尽管格伦德曼、福斯特、奥康纳、阿格尔等人赋予生态学马克思主义的历史唯物主义更丰富的内涵，但是本质上，他们都是在内容上对马克思的历史唯物主义进行了内容上的丰富，而没有超出这个框架的范围。生态学马克思主义理论希望重建人与自然，社会与自然的关系。用批判性的眼光看待已经存在着的社会主义制度和资本主义制度，希望构建生态社会主义这种新的社会形态来解决生态危机。

马克思的历史唯物主义对于当今生态危机而言是有缺陷的，这是生态学马克思主义的普遍观点。马克思扩大了劳动过程的作用，重视人的社会发展中的力量，相应地，对自然缺乏讨论。奥康纳认为马克思将历史唯物主义的范围扩大至了自然界，并且为历史唯物主义添加了自然和文化的视域。阿格尔认为通过"希望破灭的辩证法"开启人类对生态危机的集体性认知，改造价值观来解决生态问题。诸如此类的构想，实际上都没有超越马克思的历史唯物主义理论。虽然发达国家进入了后工业时代，但是根本上仍然属于资本主义社会。正如生态学马克思主义者所说，马克思对自然的论述通常都是夹杂在他对历史、对人的观点中，没有大篇幅的、系统的论述。实际上，在马克思主义理论中已经包含了深刻的生态思想，把握马克思主义生态思想的精髓可以用于解决当代的生态问题。

马克思承认自然的先在性。自然是人类维持生存的前提条件，如果自然与人类社会发生断裂，那么人类整个社会文明都无法维持。

自然在人类出现之前就已经存在，因此自然与人类的关系实际上是后者依赖于前者。黑格尔将自我意识看作是人的本质，而自我意识是整个自然界发展孕育的产物，马克思一定程度上继承了黑格尔的这种思想。因此，自然和人之间的这种与生俱来的密切关系是其生态思想的前提条件。其次马克思在论述异化劳动的过程中提到了"自然是人的无机的身体"，将自然视为人类的一部分。正如马克思对待技术的态度，他认为技术是人的本质力量的延伸。至少马克思对自然并不存在一种轻视的态度，将马克思看作技术决定论者却忽视了马克思对自然的理解，实际上是一种自相矛盾的理解。最后，历史唯物主义包含了克服生态危机的启示——"人化自然"。生态学马克思主义希望通过各种外部形式，如限制生产、政治革命、制度改革等方式来解决生态危机，内部价值观的建设只限于消除异化消费。马克思认为生产力与生产关系之间的矛盾最终还是要通过无产阶级革命得到解决，而人化自然则可以理解为生态危机下一种理想的价值观。阿格尔希望人们能够从异化消费的迷雾中认清自身的本质，认清消费陷阱，而对价值观的本体建设没有提出设想。马克思认为人与自然应当具有本体论统一的可能，损害生态环境等同于伤害人类自身，那么人类就会最大限度地在维持发展的前提下开发自然。

综上所述，从方法论角度上看，生态学马克思主义就是当代西方学者面对日益严重的生态危机，结合生态学，运用马克思的历史唯物主义为方法论的尝试，本身并没有超出与历史唯物主义的理论建构。

生态学马克思主义价值观重在对现代性价值体系进行批判，批判近代以来二元论、机械论和理性主义的思维形式，但是其自身理论却没有显示出整体性的张力。缺少对于资本主义制度的系统批判，只是把理论重点放在环境破坏方面，视角相对单一。

阿格尔从消费切入议题，将资本主义制度下的生态危机归咎于异化了的消费观。在现代价值观体系下，呈现越来越严重的商品化、物质化趋势。特别在发达国家，处于人民生活相对富足的情况下，人们不但没有从异化了的社会中解放出来，反而已经普遍沦为商品的奴隶，不是人在消费商品，而是商品在消费人。发达工业社会孕育出了一种"虚假的需要"，诱惑人们从本不需要的消费行为中获得价值观念、虚荣心理和社会地位方面的满足感，而这些恰恰是被资本主义制度从人身上剥夺走的东西。消费观念取代了人与人之间的伦理关系，使其异化为经济关系。人们获得物品，只是为了占有它，而不是源于使用它的欲望；占有的不是使用价值，而是物品背后背负的符号意义。人们（包括资本家）都被广告诱惑迷失在琳琅满目的商品中，人变成了彻头彻尾的"拜物主义者"。

阿格尔认为，当前的资本主义已经陷入生态危机，且将越陷越深而不能自拔。在他看来，打破异化消费的关键在于消除异化劳动，使劳动具有创造性，恢复劳动的原始本性。他提出了通过"期望破灭的辩证法"去进行社会变革的模式。

生态主义者认为，当今生态危机的根源在于主张人类不断征服和改造自然的人类中心主义理念。福斯特不赞成生态主义者非此即彼的思维方式，即要么你是亲人类的，要么你是亲自然的。他正确指出，与人相互作用的大自然和人与自然关系的组织协调方式是我们应关心的主要目标。资本主义生产方式使得人类与自然相分离、人类与自然关系相对抗，它才是生态危机的真正根源。

莱斯梳理西方哲学文化传统中"控制自然"观念的历史发展及其生态效应，认为建立在人类中心主义价值观基础上的"控制自然"观念造成了人和自然关系的紧张。"控制自然"是一种悖论，既有进步性也有退步性，它的征兆是人对人的控制。在当代资本主义社会，"控制自然"观念已经沦为一种社会意识形态，其导致的消极作用已经掩盖并大大超越其所带来的积极作用。应该重新解释"控制自然"，不再把它理解为对自然的控制，而应该理解为对人类和自然之间关系的控制。

尽管生态学马克思主义在展开理论的过程中采用了多维度的视角，但这些学者多采用一种解决问题的对策，并且对策具有分散化的特点。生态学马克思主义者细致的考察了当代资本主义国家内，生态危机相关的各种问题。这种分散化、细致化的特点在高兹的理论中表现得淋漓尽致，高兹考察的领域涉及医疗、教育、政治、社会劳动等方面。多维度、多领域的理论特点表现为生态学马克思主义"一对一"式的思路，造成了其理论无法体系化、整体化缺陷。说到底，生态学马克思主义价值观仍然保留了形而上学的思维方式，分析主义方法论。在生态学马克思主义的研究中，必须超越形而上学的思维方式，才能确立起人与自然的和谐共存的内在统一关系。

二、价值观变革的作用在生态学马克思主义理论中被低估

生态学马克思主义的最高理想是建立生态社会主义。价值观变革是建造生态社会的重要环节。

首先，价值观是连接主体意识和客观存在的尺度。生态学马克思主义者将社会发展看作是人类社会随着生产力的发展而逐渐转变形态的过程，然而他们没有注意到由资本主义社会向生态社会主义制度的转变应该是一种基于人类自身反思能力下的社会形态转变，换言之，是人类自觉调控下的行为。自觉行为意味着具有对客观规律的认知基础，在认知规律、掌握规律的前提下，为了自身的合理需要而行动。意味着已经完成了的价值观变革在人的感性活动中发生作用。需求是人类活动的动力，人类在实践活动中不可避免地涉及价值选择的问题。因此，价值连接起了人类活动和客观存在。如果将经济发展视为价值原则，结果就如同把经济增长等于实现了人的价值，实现人的全面发展的手段。然而，资本主义经过了百年的发展，迅速地积累起了前所未有的财富，但是结果是资本主义不仅生产财富，也在生产贫穷。马克思认为共产主义的理想前提是物质的极大丰盛，而不是共产主义社会的本质。

其次，价值观作为一种理想、目标能够在实践活动中对主体产生极大的推动力。历史唯物主义认为，意识形态对主体具有能动的作用，同时意识形态是被生产关系所决定的。因此在生态学马克思主义理论中，更重视对生产力、生产关系的改革，对理想中的生态社会主义生态价值观缺乏具体的论述。实际上，价值观不仅仅是人的意识领域的总体规范，更是一种动力和理想。生态学马克思主义理论内部价值观批判和制度批判是两个重要向度，但是与制度批判和建构理论相比价值观的内容显然不够充分。

人类的实践行为（发展）并非是天然合理的，而是需要规范和约束的；人只是对于他所能够接触到的个别自然物来说，才有可能成为主体，而人对于自然生态系统的整体来说，则不可能成为主体。人作为地球自然系统整体中的一员，人本身首先和在根本上都是被这个自然生态系统的整体所决定。因此，西方传统主体形而上学的一个重要命题——"人是主体，自然是客体"的命题，只是在一个极其狭小的领域才有合理的意义。当今社会之所以越来越重视生态危机，是因为它直接关系着未来人类的生死存亡。无论任何时候，生存对于人类来说都是第一位的，而当生态环境恶化，影响到人类生存的时候，将迫使人们重新思考自然环境之于人类的意义。

三、价值观变革主体的空场

生态学马克思主义将生态危机视为当代全球化进程中的重要议题，在自然观方面，生态学马克思主义强烈批判了人类传统的"二元论"思想以及狭隘的人类中心主义，提出了和谐自然观。它一再强调，自然是一个批判性的、有限社会历史存在，自然的工具性价值即对人类的有用性只是自然价值显现出的一个部分。自然本身具有文化上的内在价值和历史价值，它具有生态或者生态系统意义上的客观价值。人类应该善待自然尊重自然，在自然界所允许的范围内对其进行开发和利用。

正如福斯特所说："面对如以增强的环境挑战，占据统治地位的资产阶级的主要反应就是：纵然火烧眉毛，兀自袖手逍遥。"① 资本主义以技术变革维持现有的社会关系。既然资本主义社会无法协调

① 约·贝·福斯特. 生态革命——与地球和平相处［M］. 刘仁胜，等译. 北京：人民出版社，2015：231.

好人与自然的关系，那么意味着必须打破传统的、以无限制开发自然资源为前提的资本主义生产关系，建立人与自然和谐发展的新模式。自然的人化和人的自然化实际上即是人类社会的发展历史，人与自然的对立状态随着生产力的发展而产生，这种对立必然要在社会实践中加以解决。人类必须重塑价值观，从根本上改变肆意征服自然、控制自然的错误意识形态，在严峻的全球性生态危机趋势面前，人们要正确认识和认同自然的价值，树立正确的自然价值观。在消费观方面，消除资本主义操控下异化了的消费模式，正确理解"需要"的定义。人不仅仅有着物质需求，同时还具有审美的、道德的、交往的需求，以更丰富的内容充实人类在审美和情感等多层次的需求。

生态学马克思主义对价值观建设做出了有的放矢的设想，但是对于价值观承载者——主体并没有清晰地限定。

第一，生态学马克思主义在设想解决生态问题的过程中，具有这样一种倾向性：将人类作为一个概念，讨论人类全体与生态之间的矛盾。阿格尔曾论证道，在资本主义消费观和政策性补偿的操作下，工人阶级不再感受到强烈的剥削感和压迫，他们与资本家之间的对立状态趋于缓和。

第二，资本主义剥夺了无产阶级的自主意识和创造性，使他们失去了对自身革命使命的认同。阿格尔提出的分散化和非官僚化的概念，以认识上的自我管理为前提，对于革命主体的表述也并不清晰，"我们并不仅仅需要'文艺复兴式的人'，而且需要具有广泛知识才能的人，他们要能抵制僵硬分工的限制和协调的力量。"① 奥康纳既没有表明实现生态社会主义的途径，更没有限定实现变革的主体，只是在理论上提出对资本主义非正义生产的批判。

第三，生态学马克思主义在一定程度上模糊了资本家与工人之间的阶级对立。由于生态学马克思主义将人理解为集合体的概念，导致在不同阶级、不同利益集团、不同国家之间的界限也就变得模糊。福斯特曾分别论证了环保主义者与资本家、与伐木工人之间的矛盾。缺乏在现实维度，对资本家与劳动者之间的思考。围绕生态这一现实问题，生态学马克思主义无法在不同集合体在解决利益纠纷的具体活动中提供行动指南。

第四，生态学马克思主义缺乏对底层群体生活状态的关怀。生态学马克思主义理论承认，贫富差距造成了面对生态危机时，穷人和富人承担了不同程度的负面影响。佩珀认为通常情况下，是发达国家或资本家为了减少自身负担而向穷人和不发达国家投放污染，造成了环境危机的转嫁，使得资本家和发达国家得以享受优渥的生态环境。资本主义社会中存在阶级的差别，那么相应的不同阶级的人拥有各自所属阶级的价值观。生态学马克思主义意图用生态社会主义社会取代资本主义社会，但是作为资本主义社会下的主体如何转向生态社会主义社会的价值观，是他们并没有讨论的问题。

马克思主义理论中"阶级"是一个重要概念，马克思以阶级斗争作为实现革命变革的重要政治斗争形式，在他看来，资本主义私有制造成了资产阶级和无产阶级两大阶级对立的状态。正是由于私

---

① 本·阿格尔. 西方马克思主义概论 [M]. 慎之，等译. 北京：中国人民大学出版社，1991：514-515.

有制下的阶级分化，资产阶级对无产阶级的压迫必然受到无产阶级的反抗，而两大阶级互相对立成为阶级斗争、社会进步的内在动力。马克思认为无产阶级是实现共产主义社会变革的革命主体。生态学马克思主义含有关于革命主体的内容，比如福斯特指出，"有必要从全球资本主义等级秩序底层的劳动人口和诸多社会的斗争中获取其主要的推动力"①，"等级秩序低层的劳动人口"与马克思"无产阶级"的准确表述相差甚远。

高兹提出"新工人阶级"的概念，将其视为革命主体，但是高兹对这个阶级缺乏准确的限定，只是在描述的方式勾画新工人阶级的面貌。高兹认为在当代资本主义控制下，工人阶级发生了异化。工人阶级的主体意识、阶级结构都已经发生了改变。第一，资本主义采用提高工资薪酬的方式缓解与工人阶级之间的尖锐矛盾。高兹认为实现生态社会主义的革命主体是"非工人的非阶级"，是指在资本主义生产下多出来的人。他们将潜在地或永久地失业。甚至在高兹的文本中无法找到关于"新工人阶级"的明确定义。

生态学马克思主义主要精力放在批判资本主义制度层面，将人类视为一个集合体面对生态危机的应对和思考，缺少对人的现实生存状况的关注，尤其缺少对广大工人阶级等社会底层生活的关注。马克思在论述无产阶级构成时，划分出了"流氓无产阶级"一个特定的群体，表现出了马克思对社会不同群体细致的观察。对如何实现共产主义，实现共产主义需要的主体都有清晰的论述。马克思认为，推翻资本主义制度的主体只能依靠广大无产阶级革命群众。作

---

① 约·贝·福斯特. 生态革命——与地球和平相处 [M]. 刘仁胜，等译. 北京：人民出版社，2015：238.

为既定利益的获得者,资本不会对自身的利益做出让渡,因此生态学马克思主义所期待的生态革命不能依附于资本,而必须依靠受到生态环境危机影响的底层人民和"自觉"意识到社会变革的先进群体。而生态学马克思主义理论中,如奥康纳认为应该更多地从穷人的角度出发,但是实际情况则是对作为弱势群体——穷人的生活状态缺少具体的关注。高兹的新工人阶级思想具有明确的反资本主义人道主义的倾向,主体内容缺乏清晰的指向性,造成对新工人阶级主体具体内涵的不确定性。生态学马克思主义缺乏与革命主体的实际联系,表现出对资本主义政治、经济制度的批判。对通向未来社会和实现期望目标都缺少完整的预想,只针对资本主义政治制度和经济制度进行不完整的批判并不能促进新的社会形态的诞生。

第六章

生态学马克思主义价值观对我国生态建设的启示

第一节　生态学马克思主义价值观对我国生态建设的积极意义

生态学马克思主义坚持历史观和自然观的辩证统一，提出了以变革资本主义制度为根本建设生态社会主义的理想，赋予了人类中心主义新的内涵，维护人的合理的发展权利。生态学马克思主义价值观对我国生态建设具有重要意义。

一、坚持社会主义制度，建设生态文明

生态学马克思主义认为，生态危机产生的根源在于资本主义制度和生产方式，因此大多数生态学马克思主义学者提倡，用生态社会主义取代资本主义。不存在生态资本主义，资本主义社会中的环境保护为了维系资本主义生产，不可能从根本上克服其对自然过度

掠夺的本性。生态学马克思主义理论坚持社会主义在解决生态危机的问题上具有天然的优越性。

首先，通过对生态学马克思主义价值观研究可以得出结论，马克思主义中蕴含着深刻的生态思想并且对当今生态问题以及我国生态建设具有重要的现实指导意义。马克思主义为正确认识生态危机提供了科学的方法论基础。马克思从本体论的高度阐述人与自然对立的实质，阐述了生态危机的本质，使我们可以从根本上认识到生态危机的危害。生态危机不仅使人类陷入生活要素缺乏的危机之中，同时也是人自身的危机。马克思分别论述了人与自然原本的理想状态和显示状态下的人与自然的缺失这两种状态，自然原本是人的无机的身体，两者有着不可分割的内在联系。马克思认为"人道主义"与"自然主义"能够达到统一，也是人类社会的应然状态。如果人类以牺牲环境为代价发展经济，这就意味着社会发展以人与自然的对立为前提条件。那么不仅人无法对本质实现真正的复归，也将在侵犯自然的过程中丧失自身的生存条件。

生态问题表现为人与自然之间的矛盾，人们将生态问题归咎于自然自身限制、技术发展、现代性等多种原因。历史唯物主义理论揭露了人与自然矛盾背后的资本主义生产方式和价值原则，批判资本逻辑。马克思主义理论为摆脱生态危机提供了现实指导，只有反对资本主义，实现共产主义才是人类社会终结人与自然的对立状态，走向和谐统一的途径。

其次，发挥社会主义制度优势。资本固有的逐利本性导致了资本主义私有制下，不触动资本主义制度的技术改革、经济发展调整充其量只能在有限范围内得到短期的效果。生态学马克思主义几位代表人物认同废除资本主义制度带来的不公平和环境污染。高兹提倡建立生态理性并提出社会主义可以与生态理性以合理的方式融合在一起。必须明确的是包含生态理性内涵的社会主义不等于苏联模式的社会主义。问题在于苏联为了保持自身的领先地位，在特殊发展时期国家发展贯彻的是经济理性，因此在以破坏生态环境为代价一味发展社会这一点上，苏联模式的社会主义与资本主义国家本质上是相同的。

在解决生态危机这一问题上，生态学马克思主义带有一种舍弃资本主义的决绝，转而建立能代表人的价值追求的新的社会形态。奥康纳提出"沿着社会主义方向改造社会生产关系"，"实现社会主义的复兴"，理想的社会主义"不是建立在以人类和自然为代价的积累财富的基础上，而是建立在公正与可持续的基础上"①。奥康纳认为生态革命不仅需要个体，还需要国家层面的写作。在满足社会需要的同时，规划新的人与自然关系，削弱国家与资本的合作关系，尽可能地摆脱资本对国家的操控。

我国目前基本完成了生态学马克思主义学者所期望的社会主义转变，因此我国作为社会主义国家具有解决生态问题的优势。政府作为推动社会发展的主导力量，只有坚持转变实践理念与相应的思维方式，将人与自然和谐共生理念贯穿于处理人与人、人与社会的关系中，才能更好地推进生态文明建设。而推进生态文明建设既涉及观念形态、制度法规，更涉及物质基础，也就是处理好经济社会发展与生态文明建设的关系。虽然社会主义市场经济制度具有滋生

---

① J. B. 福斯特. 生态危机与资本主义 [M]. 耿建新，等译. 上海：上海译文出版社，2006：75.

功利主义价值观的可能，但是我们要克服资本增殖逻辑下形成的功利主义价值观影响，避免经济理性下人的盲目自信。在社会主义制度和社会主义价值观的支撑下，资本主义制度下不可能执行的举措对于我们来说都有可能实现。解决生态不仅仅是共产主义追求的必经之路，也是我国社会主义建设的应有之义。

二、树立保护自然与以人为本有机统一的理念

中国社会主义建设始终以人为本，与生态学马克思主义价值观中的以人为本命题相比，我国的以人为本的发展理念是在社会发展中需要坚持的理想，具有更广泛的概念，包括政治、经济、文化在内，保护自然是一个方面。生态学马克思主义从生态环境的方面强调，在利润和人类生存面前，应有限考虑并保护人的生存发展权利。保护自然的目的最终是为了实现人的全面发展，因此可以说，在保护环境与平衡人的发展关系上，生态学马克思主义与我国生态建设思想不谋而合。

习近平总书记在党的十九大报告中指出，人与自然是和谐共生的"生命共同体"，"人类发展活动必须尊重自然、顺应自然、保护自然，否则就会遭到大自然的报复。这个规律谁也无法抗拒。人因自然而生，人与自然是一种共生关系，对自然的伤害最终会伤及人类自身。只有尊重自然规律，才能有效防止在开发利用自然上走弯路。"① 此外习近平总书记还提出，"绿水青山就是金山银山"，并将

---

① 中央宣传部，中央文献研究室，中国外文局. 习近平谈治国理政（第二卷）[M]. 北京：外文出版社，2017：394.

这一理念纳入党章，体现了我国生态建设中对保护自然的重视。

　　生态学马克思主义以保护环境为指向，限制人类在自然面前的无限制、任意行为，为自身设限能够兼顾保护自然与维护人类长远发展二者关系，调和资本逻辑下的矛盾。我们坚持马克思的生态思想内涵，汲取生态学马克思主义价值观理论的先进之处。提倡建立保护自然与以人为本有机统一理念，因此要改变资本主义的生产方式，意识形态方面应注意抵制功利主义价值观。但是社会的发展和个体成员的实践活动是更复杂的、具有极大包容性的活动过程。这就意味着活动过程中不仅仅面临多样性的任务，建立保护自然与以人为本有机统一理念的过程也存在着不同的阶段。生态危机是全体人类共同面临的问题，也是事关人类生存必须解决的命题，因此要协调好消除生态危机与社会发展之间的关系。

　　生态建设并不是指在当下的发展阶段内要完全否定资本主义生产方式。马克思和恩格斯也肯定了资本主义对社会发展的突出贡献，并指出应该在占有资本主义发展全部成果的基础上实现共产主义。扬弃资本主义是在相当长的一段时间内需要坚持的立场，并不意味着要完全地舍弃、抵制资本主义。而如何在现有状态下，维持保护环境与人类发展二者之间的平衡，需要以价值观平衡各个目标和把握实践活动的尺度。在建立人与自然和谐共处的同时，维护人的发展权利，实现可持续的发展。

第二节　我国生态建设要警惕重蹈生态学
马克思主义价值观覆辙

一、重视生态价值观的作用

生态学马克思主义理论解决生态危机的路径指向了社会变革。社会变革不同于资本主义制度内的改革，是对资本主义政治、经济、文化、意识形态等方面的全面颠覆。生态危机与全体人类利益直接相关，在保护生态环境的问题上，人类作为类存在物具有相同的处境。

佩珀认为尽管在晚期资本主义社会，工人阶级出现了许多新特点，但是马克思的阶级分析方法仍然具有生命力，工人阶级仍然是革命性的力量，"是革命中的主要行动者"，"工人运动一定是社会变革中的一个关键性的力量"，"潜在的阶级斗争仍是社会变革的有力推动"，社会变革的主要方法是物质主义的，当然这也不排斥社会化、教育和观念的作用。

生态社会主义理论指出，"激进的社会变革不仅是可能的，而且是不断发生并且总是有可能出现。"因为这个理论认为，资本主义的生产方式是生态问题的根源，这决定生态问题的最终解决首先要与消除资本主义生产方式结合起来，而实现这一根本性变革的根本动力就是社会物质生产的主体有着这方面的要求并组织起来。而佩珀仍然坚信马克思主义关于工人阶级是社会变革的主体力量的观点，在当代新的历史条件下，工人运动与新社会运动相结合是最好的社会变革形式。佩珀所说的激进的变革，不同于传统意义上的革命，不是那种一部分人使用枪支、刺刀和大炮的方式向另一部分人施加它的意愿的行动，而是一种非暴力的革命。

生态价值观是克服了资本主义制度后的进步意识形态，是扬弃了资本主义价值观的成果。生态价值观能够对世界、对人、对自然形成正确的价值判断。生态学马克思主义理论认为，在生态社会主义中，抛弃了价值的概念，事物只有使用价值。生态价值观与全人类的根本利益具有一致性。生态学马克思主义价值观表现出了挺温和的人类中心主义立场，保障了人类社会持续进步的可能。人是从事价值判断活动的主体，依照主体的价值尺度进行社会活动。生态价值观能够指导人们在人与自然物质交换活动中，使人与自然达到相对平衡的状态，脱离资本主义制度中即将自然作为水龙头，又作为污水池的做法。自然是人类存在和发展的前提，自然环境所能承载的破坏存在着极限，这也就是说生态系统的恢复存在临界点，一旦突破临界点，生态将无可恢复。倘若放任资本主义对生态环境的破坏，让生态环境无可挽回，那么人类将失去生存所依附的材料。生态价值观属于更为理性的社会形态，不以人类和自然为代价积累财富，也不以财富作为衡量社会进步发展的标准。

二、坚持以人民群众为主的生态价值观建设

在生态学马克思主义者看来，社会问题与生态问题相互交织在一起，必须协同解决。生态价值观主张公平和正义。生态学马克思

主义者发现，生态污染如果说对人类生存和健康造成不利影响的话，那么受影响最大的首先是大多数穷人。因为他们更易受到污染的影响，并且对其无能为力。我们所处的时代，并没有消除贫困，两极分化依然存在。福斯特认为，生态问题所造成的影响并不会以平均的方式波及所有的社会个体，富人具有更多的社会资源，也就掌握了选择权。对于穷人来说，作为弱势群体他们没有改变现状的能力，只能被动地承担生态环境恶化的后果。穷人通常既受物质财富匮乏之苦，又遭环境恶化之难的情况在发达国家亦有实际存在："根据环境保护署的统计，美国有大约 6 千家工厂在生产有毒的化学品。其中的大多数都集中在劳工社区，尤其是在那些被压迫的少数民族或者黑人劳工的社区。"①

因此，环境保护必须建立在坚持社会正义的前提下。对于我国来说，一切以服务人民作为宗旨，保障人民群众的生态环境是我国社会主义建设应有之义。我们看到，在生态学马克思主义者探讨的论域中，社会正义往往既涉及国内社会正义又包含国际社会正义。佩珀指出，"地球高峰会议清楚地表明，实现更多的社会公正是与臭氧层耗尽、全球变暖以及其他全球难题斗争的前提条件。"② 也就是说，保护环境要和满足人类基本生存相协调，这里尤其要注意穷人的生活状况。

生态学马克思主义认为普通群众或者底层人民受到了更大层面生态污染的伤害，但是价值观变革的主体确实在其理论中模糊的。

---

① 詹姆斯·奥康纳. 自然的理由——生态学马克思主义研究［M］. 唐正东，臧佩洪，译. 南京：南京大学出版社，2003：308.
② 戴维·佩珀. 生态社会主义：从深生态学到社会主义［M］. 刘颖译. 济南：山东大学出版社，2005：2.

在这一点上，我国坚持人以人为本，特别是以人民群众为本，有明确的价值观变革主体。鼓励广大人民群众积极参与到环境保护活动中，丰富人民群众的环保意识。

我们应培养生态的消费观。生态的消费观是对异化消费观的反思。我国虽然作为社会主义国家，处于经济全球化中不免受到资本主义的影响，对群众来说要树立正确的消费观，对异化消费观以及功利主义价值观保持警惕。消费水平应该与收入相适应，抵制异化消费导致的炫耀性消费、高消耗型消费在人民群众中的扩散。发挥勤俭节约的传统美德不仅是对中华民族优良传统的延续，还能不自觉地起到抵制异化消费、减少浪费的作用，符合我国建设资源节约型和环境友好型社会的目标。生态学马克思主义理论中消费被视为人与自然物质交换过程中的重要环节，人们在消费活动中的表现会对生态环境和自然资源产生间接性的影响，因此应培养人民群众的环保意识。培养群众生态消费观是构建社会主义生态文明的重要部分，应把这项工作视为国家宏观计划中的长远布局。

我国作为多民族、人口众多、自然资源相对不丰富的国家，生态问题不仅关乎人民群众的生活质量，更是关涉国家长远发展的重要问题。以政府的宏观调控作为必备条件，引导全社会范围内广泛的达成生态价值观的共识，平衡经济发展与生态保护之间的关系，避免西方发达国家"先污染后治理"的弯路。

参考文献

［1］王雨辰. 生态学马克思主义与生态文明研究［M］. 北京：人民出版社，2015.

［2］郭剑仁. 生态的批判［M］. 北京：人民出版社，2008.

［3］陈学明. 谁是罪魁祸首——追寻生态危机的根源［M］. 北京：人民出版社，2012.

［4］陈学明. 痛苦中的安乐：马尔库塞、弗洛姆论消费主义［M］. 昆明：云南人民出版社，1998.

［5］杨祖陶，舒远招整理. 黑格尔《精神哲学》指要［M］. 北京：人民出版社，2018.

［6］杨祖陶. 德国古典哲学逻辑进程［M］. 北京：人民出版社，2016.

［7］杨祖陶，邓晓芒. 康德《纯粹理性批判》指要［M］. 长沙：湖南教育出版社，1996.

［8］杨祖陶. 康德黑格尔哲学研究［M］. 武汉：武汉出版社，2002.

［9］俞吾金，汪行福，王凤才，林晖，徐英瑾. 德国古典哲学

[M]. 北京：人民出版社，2009.

[10] 孙伯鍨. 探索者道路的探索——青年马克思恩格斯哲学思想研究 [M]. 南京：南京大学出版社，2002.

[11] 张世英. 论黑格尔的精神哲学 [M]. 上海：上海人民出版社，1986.

[12] 李泽厚. 批判哲学的批判：康德述评 [M]. 北京：生活·读书·新知三联书店，2007.

[13] 赵敦华. 西方哲学简史 [M]. 北京：北京大学出版社，2001.

[14] 邓晓芒.《纯粹理性批判》讲演录 [M]. 北京：商务印书馆，2013.

[15] 邓晓芒. 思辨的张力 [M]. 长沙：湖南教育出版社，1992.

[16] 孙道进. 环境伦理学的哲学困境——一个反拨 [M]. 北京：中国社会科学出版社，2007.

[17] 吴晓明. 马克思早期思想的逻辑发展 [M]. 昆明：云南人民出版社，1993.

[18] 李惠斌. 生态文明与马克思主义 [M]. 北京：中央编译出版社，2008.

[19] 陆杰荣. 形而上学研究的几个问题 [M]. 北京：中国社会科学出版社，2012.

[20] 杜秀娟. 马克思主义生态哲学思想历史发展研究 [M]. 北京：北京师范大学出版社，2011.

[21] 解振华. 为了人与自然的和谐 [M]. 北京：中国环境科

学出版社，2006.

[22] 康瑞华. 批判·构建·启思——福斯特生态学马克思主义思想研究 [M]. 北京：中国社会科学出版社，2011.

[23] 李世书. 生态学马克思主义的自然观研究 [M]. 北京：中央编译出版社，2010.

[24] 林红梅. 生态伦理学概论 [M]. 北京：中央编译出版社，2008.

[25] 刘思华. 生态学马克思主义经济学原理 [M]. 北京：人民出版社，2006.

[26] 刘思华. 生态文明与马克思主义经济理论创新 [M]. 北京：中国环境科学出版社，2011.

[27] 刘增惠. 马克思主义生态思想及实践研究 [M]. 北京：北京师范大学出版社，2010.

[28] 罗钢，王中忱. 消费文化读本 [M]. 北京：中国社会科学出版社，2003.

[29] 倪瑞华. 英国生态学马克思主义研究 [M]. 北京：人民出版社，2011.

[30] 宋萌荣. 当代视域下的马克思主义基本理论问题 [M]. 北京：中国社会科学出版社，2009.

[31] 唐代兴. 生态理性哲学导论 [M]. 北京：北京大学出版社，2005.

[32] 王宁. 从苦行者社会到消费者社会 [M]. 北京：社会科学文献出版社，2009.

[33] 温晓春. 安德烈·高兹中晚期生态学马克思主义思想研究

［M］. 上海：上海人民出版社，2014.

［34］徐艳梅. 生态学马克思主义研究 ［M］. 北京：社会科学文献出版社，2007.

［35］严耕等. 生态文明理论构建与文化资源 ［M］. 北京：中央编译出版社，2009.

［36］姚燕. 生态学马克思主义和历史唯物主义 ［M］. 北京：光明日报出版社，2010.

［37］余谋昌. 生态哲学 ［M］. 西安：陕西人民教育出版社，2000.

［38］余谋昌. 自然价值论 ［M］. 太原：陕西人民教育出版社，1999.

［39］余维海. 生态危机的困境与消解——当代马克思主义生态学表达 ［M］. 北京：中国社会科学出版社，2012.

［40］俞海山. 可持续消费模式论 ［M］. 北京：经济科学出版社，2002.

［41］俞可平. 生态学马克思主义概论 ［M］. 北京：中央编译出版社，2007.

［42］章海荣. 生态伦理与生态美学 ［M］. 上海：复旦大学出版社，2005.

［43］郑湘萍. 生态学马克思主义的生态批判理论研究 ［M］. 北京：中国书籍出版社，2013.

［44］郑也夫. 后物欲时代的来临 ［M］. 上海：上海人民出版社，2006.

［45］周鑫. 西方生态现代化理论与当代中国生态文明建设

［M］．北京：光明日报出版社，2012.

［46］周义澄．自然理论与时代——对马克思主义哲学的一个思考［M］．上海：上海人民出版社，1988.

［47］曾文婷．"生态学马克思主义"研究［M］．重庆：重庆出版社，2008.

［48］王雨辰，郭剑仁．北美生态学马克思主义对历史唯物主义的重构［J］．学术月刊，2006（04）：63-70.

［49］王雨辰，刘英．论生态学马克思主义的理论问题及其贡献［J］．北京大学学报（哲学社会科学版），2014（03）：26-33.

［50］王雨辰，刘英．生态学马克思主义对历史唯物主义生产力发展观的重构［J］．哲学动态，2014（03）：32-39.

［51］王雨辰．论生态学马克思主义的生态价值观［J］．北京大学学报（哲学社会科学版），2009（05）：27-34.

［52］王雨辰．论生态学马克思主义对历史唯物主义理论的辩护［J］．哲学研究，2015（08）：10-15，128.

［53］王雨辰．论生态学马克思主义与社会主义生态文明［J］．高校理论战线，2011（08）：27-32.

［54］王雨辰．论西方绿色思潮的生态文明观［J］．北京大学学报（哲学社会科学版），2016（04）：17-26.

［55］郇庆治．从批判理论到生态学马克思主义：对马尔库塞、莱斯和阿格尔的分析［J］．江西师范大学学报（哲学社会科学版），2014（03）：42-50.

［56］郭剑仁．施密特对马克思的几个哲学概念的生态阐释——兼与 J．B．福斯特的生态学马克思主义思想的比较［J］．江汉论坛，

2008（01）：55-59.

［57］陈学明. 论福斯特的生态学马克思主义给予我们的启示 ［J］. 苏州大学学报（哲学社会科学版），2011（06）：27-36.

［58］陈学明. 评生态学的马克思主义与后现代主义的对立 ［J］. 天津社会科学，2002（05）：20-27.

［59］陈学明. 西方马克思主义对当今中国所提供的理论启示 ［J］. 毛泽东邓小平理论研究，2012（12）：85-93，111.

［60］陈学明. 西方马克思主义现代性批判理论及其在当今中国 的意义 ［J］. 马克思主义理论学科研究，2017（04）：106-118.

［61］何萍. 生态学马克思主义：作为哲学形态何以可能 ［J］. 哲学研究，2006（01）：15-21.

［62］何萍. 自然唯物主义的复兴——美国生态学马克思主义哲 学评析 ［J］. 厦门大学学报（哲学社会科学版），2004（02）：13-20，115.

［63］乔瑞金，李小红. 佩珀批判生态无政府主义思想的几点启 示 ［J］. 哲学动态，2012（05）：15-19.

［64］穆艳杰，吕春晖. 福斯特生态学马克思主义的理论核心 ［J］. 学术交流，2017（08）：33-37.

［65］穆艳杰，张子玉. 从劳动异化到人的异化再到生态异化 ［J］. 北方论丛，2016（01）：113-116.

［66］唐正东. "消费社会"的解读路径：马克思的视角及其意 义——从西方马克思主义消费社会观的方法论缺陷谈起 ［J］. 学术 月刊，2007（06）：58-64.

［67］唐正东. 马克思历史唯物主义消费观的生成路径及理论特

质 [J]. 哲学研究, 2014 (05): 3-9, 128.

[68] 唐正东. 政治生态学代表了马克思主义的未来吗? ——评阿兰·利比兹的政治生态学马克思主义 [J]. 哲学研究, 2008 (03): 33-40, 128.

[69] 韩立新. "巴黎手稿": 马克思思想从早期到成熟期的转折点 [J]. 哲学动态, 2014 (07): 20-27.

[70] 夏承伯, 包庆德. 马克思生产力论的生态意蕴及其绿色向度 [J]. 中国社会科学院研究生院学报, 2016 (06): 14-20, 145.

[71] 夏承伯. 资本逻辑、物质变换与马克思生产力论的生态意蕴 [J]. 自然辩证法研究, 2017 (12): 101-105.

[72] 仰海峰. 鲍德里亚的"诱惑"概念 [J]. 哲学动态, 2008 (01): 13-15.

[73] 吴晓明. 马克思主义哲学与当代生态思想 [J]. 马克思主义与现实, 2010 (06): 77-84.

[74] 陆杰荣, 谢兴伟. 围绕"人与尺度"的旋转——普罗泰戈拉的相对主义及其价值 [J]. 世界哲学, 2014 (04): 133-140.

[75] 陆杰荣. 论西方价值理论的双重视域 [J]. 辽宁大学学报 (哲学社会科学版), 2014, 42 (05): 58-61.

[76] 彭曼丽, 彭福扬. 生态与经济社会协同发展的唯物史观诠释 [J]. 哲学研究, 2014 (04): 35-38.

[77] 包庆德. 评阿格尔生态学马克思主义异化消费理论 [J]. 马克思主义研究, 2012 (04): 111-117.

[78] 曹孟勤. 论马克思生态人学的哥白尼革命 [J]. 南京工业大学学报 (社会科学版), 2016 (02): 5-11.

[79] 车玉玲. 对空间生产的抵抗 [J]. 学习与探索，2010 (01)：6-9.

[80] 陈冬生. 问题、回归与转向：西方马克思主义的当代新发展 [J]. 江西社会科学，2017 (06)：5-13.

[81] 陈力丹，王海. 马克思：人的本质是人的真正的社会联系 [J]. 新闻界，2014 (03)：49-50.

[82] 陈立新. 鲍德里亚消费社会理论存在论上的启示 [J]. 哲学动态，2008 (01)：25-26.

[83] 陈尚伟，高永强. 论人的需要及其合理性 [J]. 理论与现代化，2012 (05)：38-44.

[84] 陈永森，朱武雄. 更少地生产与消费，更好地生活——一个西方马克思主义观点析解 [J]. 贵州社会科学，2010 (01)：44-49.

[85] 崔文奎. 人的满足最终在于创造性的生产劳动——生态学马克思主义者本·阿格尔的一个重要思想 [J]. 山西大学学报（哲学社会科学版），2008 (01)：27-32.

[86] 岛崎隆，冯雷. 马克思的实践唯物主义与环境思想的形成 [J]. 马克思主义与现实，2002 (06)：56-60.

[87] 冯旺舟. 生态批判与社会主义的反思——论高兹对生态社会主义乌托邦的构建 [J]. 福建论坛（人文社会科学版），2018 (02)：74-82.

[88] 郭忠义，侯亚楠. 生态人理念和生态化生存——马克思《1844 年经济学哲学手稿》再解读 [J]. 哲学动态，2014 (07)：35-38.

[89] 韩欲立. 历史唯物主义与生态学马克思主义方法论范式：范畴与结构 [J]. 贵州社会科学, 2017 (08)：4-9.

[90] 何林. 论生态学马克思主义的科技导向观 [J]. 国外理论动态, 2008 (12)：21-25, 82.

[91] 何山青. 福斯特的生态思想：个人道德视角抑或生产方式视角？——兼与唐正东教授商榷 [J]. 科学技术哲学研究, 2018 (02)：109-114.

[92] 洪波. 需要、消费与人的本质——基于马克思哲学视角的分析 [J]. 河北学刊, 2010 (02)：223-226.

[93] 胡梅叶, 陶富源. 马克思主义哲学理论结构的生态维度 [J]. 哲学动态, 2015 (09)：18-26.

[94] 吕梁山. 现代性的理性维度及其中国境遇 [J]. 学习与探索, 2016 (05)：18-22.

[95] 李包庚, 陈正良, 郑礼平. 当前我国学者国外马克思主义研究的热点与方法 [J]. 马克思主义研究, 2015 (11)：155-158.

[96] 李世书. 生态主义实践与后马克思主义方法 [J]. 哲学动态, 2007 (06)：63-67.

[97] 李咏梅. "控制自然"的意识形态批判与生态正义——威廉·莱斯的生态学马克思主义思想及其当代价值 [J]. 哲学动态, 2011 (02)：55-59.

[98] 刘海江, 萧诗美.《穆勒评注》中的辩证法思想研究 [J]. 江汉论坛, 2016 (12)：24-28.

[99] 刘秀萍.《穆勒评注》再探究 [J]. 马克思主义与现实, 2011 (02)：56-60.

［100］刘颖，韩秋红. 奥康纳生态社会主义之正义观——生产正义抑或分配正义［J］. 当代世界与社会主义，2012（06）：195-198.

［101］刘拥华. 礼物交换："崇高主题"还是"支配策略"?［J］. 社会学研究，2010（01）：157-176，245.

［102］鲁品越. 马克思主义哲学原生态基本纲领——《关于费尔巴哈的提纲》系统化新解［J］. 河北学刊，2018（01）：1-7.

［103］陆雪飞，潘加军. 澄明与辩正：生态文明自然观的理论出场［J］. 学术论坛，2017（04）：162-169.

［104］陆雪飞，约翰·贝拉米·福斯特. 马克思生态观的审思与辩护［J］. 福建论坛（人文社会科学版），2018（02）：61-73.

［105］罗骞. 人的解放与自然的全面复活——兼论历史唯物主义作为生态哲学之基础的可能性［J］. 马克思主义研究，2006（09）：66-72.

［106］欧阳光明，何山青. 奥康纳与福斯特：谁是真正的生态学马克思主义者?［J］. 江西社会科学，2018（04）：28-34.

［107］彭先兵，覃正爱."现实的人"及其发展向度［J］. 江汉论坛，2017（09）：56-64.

［108］卿娜，苗启明. 马克思哲学在自然观、世界观、价值观上的生态变革［J］. 哈尔滨工业大学学报（社会科学版），2018（01）：111-116.

［109］王玉珏，刘怀玉. 从"异化劳动"到"社会交往"——试析望月清司对《1844年经济学哲学手稿》的解读［J］. 吉林大学社会科学学报，2012（03）：26-33.

［110］吴宁，冯琼. 论安德烈·高兹的自我观［J］. 哲学研究，2014（09）：27-32.

［111］王国坛，王东红. 在实践基础上实现人与自然的和解［J］. 哲学研究，2009（05）：25-30，57.

［112］王国富. 鲍德里亚象征交换理论的自由指向［J］. 哲学动态，2014（03）：45-51.

［113］夏莹. 象征性交换：鲍德里亚思想的阿基米德点［J］. 吉林大学社会科学学报，2008（02）：54-58.

［114］谢中起. 马克思的生产力理论是反生态的吗？［J］. 河北学刊，2004（06）：63-67.

［115］杨生平，韩蒙. 鲍德里亚对马克思拜物教理论的误识及其方法论根源［J］. 世界哲学，2012（05）：88-98，161.

［116］于桂凤，冯建华，张丽霞. 中国马克思哲学高峰论坛（2015）暨中美哲学家论坛综述［J］. 哲学动态，2015（10）：106-107.

［117］余源培. 评鲍德里亚的"消费社会理论"［J］. 复旦学报（社会科学版），2008（01）：15-22.

［118］袁银传，杨乐强. 西方马克思主义的批判路径及其启示［J］. 中国社会科学，2012（05）：21-42，205.

［119］约翰·贝拉米·福斯特，布莱特·克拉克，陆雪飞. 马克思主义生态学与绿色左翼［J］. 国外社会科学，2017（04）：114-124.

［120］张三元. 绿色生活方式的构建与人的全面发展［J］. 中国特色社会主义研究，2017（05）：86-92.

[121] 张雯雯. 生态危机中的自然价值探讨——基于马克思价值范畴的反思 [J]. 晋阳学刊, 2017 (04): 79-85.

[122] 郑湘萍, 田启波. "红""绿"结合: 生态学马克思主义理论评析 [J]. 湖北社会科学, 2011 (06): 5-8.

[123] 朱波. 从阶级革命论到技术决定论——浅析高兹对马克思资本主义分析方法的改进 [J]. 求是学刊, 2011 (03): 13-16.

[124] 庄友刚. 生态问题的历史性及其意识形态化批判 [J]. 人文杂志, 2013 (12): 9-14.

[125] AGGER B. Socio (onto) logy: A Disciplinary Reading [M]. Champaign: University of Illinois Press, 1989.

[126] AGGER B. The Decline of Discourse: Reading, Writing and Resistance in Postmodern Capitalism [M]. London/Philadelphia: Falmer Press, 1990.

[127] AGGER B. Western Marxism: An Introduction [M]. Santa Monica: Goodyear, 1979.

[128] BANERJEE B. In search of An Enchanted Path: Ecological Ethics andSustainability [M]. New Delhi: Minerva Press, 2003.

[129] CONNERTON P. The Tragedy of Enlightenment: An Essay on the Frankfurt School [M]. London: Cambridge University Press, 1980.

[130] DERR T, James A. Nash, Richard John Neuhaus. Ecological ethics and Christian humanism [M]. Nashville. TN: Abingdon Press, 1996.

[131] FOSTER J. Ecology Against Capitalism [M]. NewYork:

Monthly Review Press, 2002.

[132] FOSTER J. Hungry for Profit [M]. NewYork: Monthly Review Press, 2000.

[133] FOSTER J. Organizing Ecological Revolution [M]. NewYork: Monthly Review Press, 2005.

[134] FOSTER J. In Defense of History [M]. NewYork: Monthly Review Press, 1997.

[135] FOSTER J. Marx's Ecology [M]. NewYork: Monthly Review Press, 2000.

[136] FOSTER J. The Ecological Revolution: Making Peace with Planet [M]. New York: Monthly Review Press, 2009.

[137] FOSTER J. The Faltering Economy [M]. New York: Monthly Review Press, 1984.

[138] FOSTER J. The Theory of Monopoly Capitalism [M]. NewYork: Monthly Review Press, 1986.

[139] FOSTER J. The Vulnerable Planet: A Short Economic History of the Environment [M]. New York: Monthly Review Press, 1999.

[140] GORZ A. Capitalism, Socialism, Ecology [M]. London and New York: Verso Press, 1994.

[141] GORZ A. Critique of Economic Reason [M]. London: Verso, 1989.

[142] GORZ A. Ecology as Polities [M]. Boston: South Eed Press, 1980.

［143］ GRUNDMANN R. Marxism Ecology ［M］. Clarendon Press，1991.

［144］ LEISS W. The Limits of satisfaction ［M］. Montreal：McGill-Queen's University Press，1988.

［145］ MCCLOSKEY H. Ecological ethics and politics ［M］. Totowa，N. J：Rowman and Littlefield，1983.

［146］ PEPPER D. Eco Soeialism：From Deep Ecology to Social Justice ［M］. London：Routledge，1993.

［147］中共中央马克思恩格斯列宁斯大林著作编译局. 马克思恩格斯文集（第一卷）［M］. 北京：人民出版社，2009.

［148］中共中央马克思恩格斯列宁斯大林著作编译局. 马克思恩格斯选集（1—4卷）［M］. 北京：人民出版社，1995.

［149］黑格尔. 精神现象学 ［M］. 贺麟，王玖兴，译. 上海：上海人民出版社，2013.

［150］黑格尔. 精神哲学 ［M］. 北京：人民出版社，2006.

［151］黑格尔. 小逻辑 ［M］. 贺麟，译. 上海：上海人民出版社，2009.

［152］黑格尔. 哲学史讲演录 ［M］. 贺麟，王太庆，等译. 上海：上海人民出版社，2013.

［153］康德. 纯粹理性批判 ［M］. 邓晓芒，译. 北京：人民出版社，2004.

［154］康德. 实践理性批判 ［M］. 邓晓芒，译. 北京：人民出版社，2003.

［155］梯利. 西方哲学史 ［M］. 葛力，译. 北京：商务印书

馆，1995.

[156] E. F. 舒马赫. 小的是美好的 [M]. 虞鸿钧，等译. 北京：商务印书馆，1985.

[157] 鲍德里亚. 消费社会 [M]. 刘成富，全志钢，译. 南京：南京大学出版社，2000.

[158] 本·阿格尔. 西方马克思主义概论 [M]. 慎之，等译. 北京：中国人民大学出版社，1991.

[159] 本·阿格尔. 作为批评理论的文化研究 [M]. 张喜华，译. 开封：河南大学出版社，2010.

[160] 彼得·桑德斯. 资本主义——一项社会审视 [M]. 张浩，译. 长春：吉林人民出版社，2005.

[161] 伯特·马尔库塞. 理性和革命：黑格尔和社会理论的兴起 [M]. 程志民，译. 上海：上海人民出版社，2007.

[162] 戴维·佩珀. 生态社会主义：从深生态学到社会正义 [M]. 刘颖，译. 济南：山东大学出版社，2005.

[163] 道格拉斯·凯尔纳，斯蒂文·贝斯特. 后现代理论：批判性的质疑 [M]. 张志斌，译. 北京：中央编译出版社，2004.

[164] 弗洛姆. 健全的社会 [M]. 孙恺祥，译. 上海：上海译文出版社，2011.

[165] 赫伯特·马尔库塞. 单向度的人——发达工业社会意识形态研究 [M]. 刘继，译. 上海：译文出版社，1989.

[166] 罗尔夫·魏格豪斯. 法兰克福学派：历史、理论及政治影响 [M]. 孟登迎，等译. 上海：上海人民出版社，2010.

[167] 马丁·杰. 法兰克福学派史 [M]. 单世联，译. 广州：

广东人民出版社, 1996.

[168] 马尔库塞. 爱欲与文明 [M]. 黄勇, 薛民, 译. 上海: 上海译文出版社, 1987.

[169] 佩里·安德森. 当代西方马克思主义 [M]. 余文烈, 译. 北京: 东方出版社, 1989.

[170] 佩里·安德森. 西方马克思主义探讨 [M]. 高铦, 等译. 北京: 人民出版社, 1981.

[171] 乔纳森·休斯. 生态与历史唯物主义 [M]. 张晓琼, 侯晓滨, 译. 南京: 江苏人民出版社, 2010.

[172] 斯蒂芬·贝斯特, 道格拉斯·凯尔纳. 后现代转向 [M]. 陈刚, 等译. 南京: 南京大学出版社, 2002.

[173] 唐纳德·沃斯特. 自然的经济体系——生态思想史 [M]. 侯文惠, 译. 北京: 商务印书馆, 1999.

[174] 特德·本顿. 生态学马克思主义 [M]. 曹荣湘, 李继龙, 译. 北京: 社会科学文献出版社, 2013.

[175] 托马斯·麦卡锡. 哈贝马斯的批判理论 [M]. 王江涛, 译. 上海: 华东师范大学出版社, 2010.

[176] 雅克·德里达. 马克思的幽灵 [M]. 何一, 译. 北京: 中国人民大学出版社, 2008.

[177] 岩左茂. 环境的思想 [M]. 韩立新, 译. 北京: 中央编译出版社, 1997.

[178] 约翰·贝拉米·福斯特. 马克思的生态学: 唯物主义与自然 [M]. 刘仁胜, 肖峰, 译. 北京: 高等教育出版社, 2006.

[179] 约翰·贝拉米·福斯特. 生态危机与资本主义 [M]. 耿

建新，等译. 上海：上海译文出版社，2006.

　　[180] 约翰·肯尼思·加尔布雷思. 富裕社会 [M]. 赵勇，译. 南京：江苏人民出版社，2009.

　　[181] 约翰·米尔斯. 一种批判的经济学史 [M]. 高湘泽，译. 北京：商务印书馆，2005.

　　[182] 约翰·史都瑞. 文化消费与日常生活 [M]. 北京：巨流出版社，2002.

　　[183] 詹姆斯·奥康纳. 自然的理由——生态学马克思主义研究 [M]. 唐正东，臧佩洪，译. 南京：南京大学出版社，2003.

　　[184] Cassegård C. Eco-Marxism and the critical theory of nature: two perspectives on ecology and dialectics [J]. Distinktion: Journal of Social Theory, 2017, 18 (3).

　　[185] Catterall B. Editorial: 'Planetary' urbanisation: insecure foundations, the commodification of knowledge, and paradigm shift [J]. City, 2016, 20 (1).

　　[186] Crowe J A. The Ecological Revolution: Making Peace with the Planet-By John Bellamy Foster [J]. Rural Sociology, 2010, 75 (4).

　　[187] Feldman, Benjamin. Baran and Sweezy's Monopoly Capital, Then and Now: John Bellamy Foster Interviewed by Benjamin Feldman [J]. Monthly Review, 2015, 67 (6).

　　[188] Gareau B. J. Class Consciousness or Natural Consciousness? Socionatural Relations and the Potential for Social Change: Suggestions from Development in Southern Honduras [J]. Rethinking Marxism, 2008, 20 (1).

[189] Hoffman, John. Karl Marx's Grundrisse: Foundations of the Critique of Political Economy 150 Years Later [J]. Science & Society, 2009, 73 (4).

[190] Meeropol M. The Great Financial Crisis: Causes and Consequences, by John Bellamy Foster and Fred Magdoff [J]. Challenge, 2009, 52 (3).

[191] Obara – Minnitt M. Capitalism in the Age of Globalization: The Management of Contemporary Society (Introduction by John Bellamy Foster [J]. Journal of Contemporary European Studies, 2015, 23 (1).

[192] Saito K. Marx' Ökologie im 21. Jahrhundert John Bellamy Foster, Paul Burkett: Marx and the Earth. An Anti – Critique [J]. Marx-Engels Jahrbuch, 2016, 2015 (1).

[193] White D F, Gareau B J, Rudy A P. Ecosocialisms, Past, Present and Future: From the Metabolic Rift to a Reconstructive, Dynamic and Hybrid Ecosocialism [J]. Capitalism Nature Socialism, 2017, 28 (2).